サービス業の標準化

サービス化する経済にこそ
標準化の活用を

大芦 誠 著
Oashi Makoto

日本規格協会

は し が き

　近年，産業全体におけるサービス業の重要性は増すばかりである．産業や社会の成熟化に伴って，日本の産業全体に占めるサービス業の割合は，雇用，国内総生産（GDP）ともに7割に達しており，その割合は年々高くなっている．成熟社会を迎えて人々の価値観は多様化し，福祉や医療周辺サービス，教育，観光，さらには，環境やエネルギー・マネジメントといった新しいサービス業も登場し，サービスの質もニーズもますます多様化・高度化している．また，製造業にしても，従来のように高性能・高品質な製品を大量に作ればよい時代は終わり，人々は次第に"製品によっていかに楽しめるか"，"何が便利になるか"といった，製品とサービスが一体化した付加価値を求めるようになった．しかも，世界を見渡せば，成長著しい中国・インドを筆頭に，東南アジア，ラテンアメリカ，中東，アフリカなど，多少の進展はあろうと，全体としてみれば人類の歴史始まって以来の世界的な成長期を迎えている．このような状況であるにもかかわらず，日本のサービス業の実態は，製造業のような科学的なアプローチによる生産性の向上・効率化といった課題に対する取り組みは始まったばかりである．また，製造業に比べると，必ずしも国際化が進んでいるとは言い難い．しかしこれは，見方を変えれば，目の前にまだ手つかずの宝の山が残っていることをも意味している．

　そこで本書は，ますます重要になりつつあるサービス業において"『標準化』を上手に活用して，生産性や競争力を上げられないか．新しい産業を創造できないか"という夢を抱いて，"サービス業において，標準化の活用を忘れていませんか"と問題を提起し，標準

化の有効利用を考えるものである．なぜなら，社会経済状況が急速に変化している現在，サービス業に対する科学的アプローチがまだあまり進んでいない今こそ，標準化を考える絶好のタイミングだからである．サービス業の正体を知り，標準化の正体を知れば百戦これ危うからず……とまではいかなくても，上手に活用すれば，サービスを大きく飛躍させることもできるかもしれない．既存の事業者はもちろん，これから事業を始める人も，大きな成長の機会をつかむことができるかもしれない．

表舞台に出ることは少ないが，標準化の効果は意外に強力である．例えば，日本の製造業は"標準化"を使って，世界を席巻するまでに成長したという側面をもっている．最近でこそ新興国に追い上げられてしまった分野も目立つが，それでもまだ，日本ブランドの製品の"高品質"のイメージは世界中に定着している．しかし，その製造業にしても，もとからそれほど高い評価を受けてはいなかった．戦後しばらくの間"Made in Japan"は，安い粗悪品の代名詞だったが，それが"高品質"の代名詞になった裏には，"カイゼン"に代表されるように，標準化を利用した徹底した効率化と品質管理があった．それならば，(少し乱暴かもしれないが) サービス業においても"標準化"という便利なツールを活用できるかもしれない．標準化を使ってカイゼンして，品質を高め，競争力を高めて，世界に進出すればよい．世界を見渡すと，同様の思惑からサービス業の標準化の整備や利用があちこちで試行されている．標準化を上手に活用して，大きな成功を収めているサービス業の事業者もある．そのうえ，国際化が加速する中，標準化の影響もかつてないほど大きくなっている．このことに気がつくのが遅く，技術力が優れているのに事業で負けてしまった事例 (第二世代の携帯電話, etc.) が話題にあがることがあるが，早くしないとサービス業でも同じことが

起きてしまうかもしれない．"標準"というルールを作り，それを巧みに活用する人が勝者であり，ルールができてから，"はっ"と気がついても手遅れである．標準化は，その正体を正しく理解して的確に利用すれば，ビジネスにも強力な武器にもなるが，無視すれば必ず思わぬところで足下をすくわれてしまう．

このような背景をもとに，本書では，まず第1章において，サービス化が進む社会経済状況を振り返り，サービス業がますます重要になりつつある現状をレビューする．次に，サービス業に標準化を導入する利点を確認し，そのうえで，身近にありながら，調べれば調べるほど百花繚乱で曖昧な，サービス業と標準化の正体を論じる．サービス業において標準化を利用するには，それらの正体を知ることが一番の近道である．そして，先行している国際標準化機構（ISO）やヨーロッパが取り組むサービス業の標準化の事例を確認して，それらを踏まえた上で，サービス業における標準化の活用方法を示すことにする．とはいえ"サービス業の『標準化』，『規格』"と言われても，最初はなかなかピンとはこないことが多い．事実，日本には，日本工業規格（JIS）のような，大規模で体系的なサービスの規格体系は存在していない．しかし，"標準化"という視点を通してビジネスをみると，"サービス業に何が足りないのか"，それを"解決するにはどうしたらよいのか"が少しずつ見えてくる．そして，最後に，今後どのようなサービス業が伸びるのか，標準化を利用して成長が期待できそうなサービスについて記載した．

なお，本書ではサービス業と標準化ついて述べるが，肝心な"『サービス業』とは何か"の定義や分類については，曖昧なままである．ただ，本書で考えるサービス業とは，農林水産業でもなく，既に標準化の利用が進んだ製造業でもない第三の産業という意味であり，サービス業をいわゆる"広義のサービス業"として捉え，第三次産

業全般を対象とした．また，第6～7章にかけての記載事項の多くは，平成22年度に財団法人日本規格協会の調査研究室で実施した調査研究『サービス産業の標準化－サービス産業の活性化のための標準化活動と今後の方向性』を基礎として用いている．関係団体やサービス業に携わる多くの皆様をはじめ，調査にご協力いただいた関係者の皆様には，この場を借りて心から感謝の意を表したい．

　本書を通じて，サービス業における標準化の活用についての議論が少しでも活発になり，実際のビジネスや消費生活に，標準化がますます有効活用されることを願っている．

2012年12月

大芦　誠

目　　次

はしがき　3

1　進むサービス経済化とその実態

1.1　重要性を増すサービス業 …………………………………… 11
1.2　国際化とデジタル化の衝撃 ………………………………… 15
1.3　収益性とスマイルカーブ …………………………………… 19
1.4　製品もサービスと融合 ……………………………………… 22
1.5　サービス業の生産性 ………………………………………… 24
1.6　サービス事業者が直面する壁 ……………………………… 26

2　サービス業に標準化を導入する利点

2.1　標準があればもっと広がる ………………………………… 33
2.2　身近にある成功例 …………………………………………… 40
2.3　国際化とサービスの標準化 ………………………………… 46
2.4　標準化競争に乗り遅れるな ………………………………… 48

3　サービス業の正体を知る

3.1　サービス業は曖昧な産業？！ ……………………………… 59
3.2　サービス業の定義・基本 …………………………………… 61
3.3　ビジネスとして見落とせない切り口 ……………………… 64
3.4　サービス業と顧客満足 ……………………………………… 69

4 標準化の正体を知る

- 4.1 標準化は不思議なツール ……………………………… 75
- 4.2 標準化は市場を創造する ……………………………… 78
- 4.3 標準化は経営戦略ツール ……………………………… 80
- 4.4 仕組みやプロセスが標準化されてゆく ………………… 84

5 進むサービス業の標準化

- 5.1 ISO で進むサービス業の標準化 ……………………… 93
  - 5.1.1 サービス業の標準化の胎動 ……………………… 93
  - 5.1.2 実生活に入り込む ISO 規格 ……………………… 96
- 5.2 ヨーロッパで進むサービス業の標準化 ……………… 105
  - 5.2.1 標準化で EU を統合する ………………………… 106
  - 5.2.2 ヨーロッパのサービス業に関する標準化 ……… 107
  - 5.2.3 サービス業に関する規格を作るためのガイド … 112
- 5.3 民間主導のアメリカの標準化 ………………………… 113
- 5.4 サービス業に関する認証が進んでいる ……………… 115
  - 5.4.1 ISO 規格を使ったサービス業に関する認証 …… 115
  - 5.4.2 ヨーロッパで先行するサービス業に関する認証 … 118
  - 5.4.3 日本の業界基準による認証 ……………………… 119

6 標準化を上手に使いこなす

- 6.1 標準化で何が解決できるか …………………………… 149
- 6.2 マネジメントシステムの利用 ………………………… 154
- 6.3 標準化を上手に利用するための切り口 ……………… 155
  - 6.3.1 サービスの対象と範囲 …………………………… 155
  - 6.3.2 製品とサービスの融合 …………………………… 156
  - 6.3.3 プロセス型サービスとプロフェッショナルサービス … 157

	6.3.4	品質と顧客満足	159
6.4		どこから手をつけたらよいか ——アイディア	160

7 どんなサービス業が期待できるか

7.1	成長産業のキーポイント	169
7.2	政策からみる潮流	171
7.3	期待できそうな分野	173

おわりに　183

索引　185

―――●コラム●―――
1　サービス経済化の理論　　29
2　家庭用VTRの標準化競争　　53
3　標準化にも魂が宿る　　56
4　サービスを"科学する"アプローチ　　72
5　バンドワゴン効果とネットワークの外部性　　87
6　キーボードの配列は，なぜQWERTYなのか　　89
7　日本人は国際標準化が下手なのか　　129
8　標準化は進めるだけが能ではない　　167
9　標準化の原点　　180

イラストレーション／村井陸（JSA）

1 進むサービス経済化とその実態

1.1 重要性を増すサービス業

"これからはサービス業の時代だ","脱工業化社会の到来だ"——そんな言葉をしばしば耳にするようになってから久しい.サービス業の重要性や将来性については様々な意見があるが,それらを見てみると,大体のところ"社会・経済状況の変化に伴って,次々と新しいサービスのニーズが生まれている.そして,サービス業は,今後大きな成長の可能性を秘めている"というあたりに集約できる.

産業全体を,農林水産業(第一次産業),鉱業・製造業(第二次産業),サービス業(第三次産業)と大別すると,経済の発展とともに,産業全体に占めるそれぞれの産業の重要性が,第一次産業から第二次産業へ,第二次産業から第三次産業へと移行するということは古くから広く知られている.これについての理論的な裏付けもさることながら,現に日本の産業全体に占めるサービス業の割合は,国民総生産(GDP),雇用者数ともに一貫して増え続け,今ではどちらも7割を超えている.

逆に,かつて世界を席巻し,日本の産業全体をリードしていたはずの製造業は,円高の影響や,いわゆる産業の空洞化による国際競争力の低下はいかんともしがたく,GDP,雇用ともに急速に減少し続けている.

ここ20年だけを見ても，製造業の生産は50兆円近く減り，就業者数も600万人近く減っているが，逆に第三次産業の生産高は60兆円近く増え，急速にサービス経済化が進んでいる（表1.1参照）．このような現象は何も日本に限ったことではなく，アメリカや西ヨーロッパなど，いわゆる先進国全体に見られる傾向といえる．

a) 価値観の多様化とニーズの高度化

急速な変化の背景にある原因は，新興国の急速な工業化とそれに伴う彼らの世界市場への進出といった外的な要因も大きいが，日本国内における社会の成熟化や人々の価値観の多様化，そしてそれに伴う，サービスのニーズの高度化・多様化という内的な要因も少なくない．日本では，かつて"3種の神器"と言われ豊かな生活の象徴でもあった自動車，クーラー，カラーテレビをはじめ，電話やデ

表1.1 最近20年間における産業別GDP・就業者数の推移

```
■産業別 GDP 名目の推移
・第一次産業：  10.9 兆円（1990年）→   6.7 兆円（2009年）
                                              4.2 兆円減少
・第二次産業：161.9 兆円（1990年）→ 114.3 兆円（2009年）
                                             47.6 兆円減少
・第三次産業：243.5 兆円（1990年）→ 302.2 兆円（2009年）
                                             58.7 兆円増加
■就業者数の推移
・第一次産業：  565 万人（1990年）→   315 万人（2009年）
                                             250 万人減少
・第二次産業：2 119 万人（1990年）→ 1 547 万人（2009年）
                                             572 万人減少
・第三次産業：3 257 万人（1990年）→ 4 015 万人（2009年）
                                             758 万人増加
```

（出所） 経済産業省構造審議会資料（2010）[1]

ジカメやコンピュータなどもひととおり行き渡り，新興国からの供給過剰の中，製品のコモディティ化（価格の低下）が進行している．

　そうした中，人々はもはや高品質な"製品を手に入れる"だけでは満足しなくなり，製品を使って"どのように楽しめるか"とか"いかに便利になるか"というように，製品に加え"サービスも含めた"全体としての付加価値を求めるようになりつつある．人々は，より高度なサービスを望んでおり，仮にそれが製造業であっても"サービス"を上手に組み合わせて提供できなければ，将来的な広がりや成長の余地は期待できにくくなりつつある．

　現在，失われた20年などと言われ，経済の不調が続くものの，もっと長い歴史的スパンで流れを見てみると，私たちを取り巻く環境は，豊かさの増大とともに急速な勢いで変わってきている．それは，質の高い生活への欲求，余暇の増大，都市化，労働形態の変化，技術の進歩による新サービスの出現であり，経営の高度化，グローバル化などの変化である．そして，日本やヨーロッパでは，少子高齢化，女性の社会進出が進み，環境問題やエネルギー問題への関心が高まるなど，人々の興味や価値観は高度化・多様化している．その結果，高度な医療，医療周辺サービス，子育て支援に加え，財務，会計，広告，コンサルティング，デザイン，メンテナンス，情報サービスなどの高度で多様化したサービスのニーズが急速に高まっている．

　さらに，情報通信技術の爆発的な普及はこの現象に拍車をかけ，従来ではほとんどSFの世界だったようなサービスも，現在では当たり前のように続々と実現している．例えば，GPSを使った位置情報サービスや，音楽や動画の配信，ネットオークション，ネット上での価格比較，ソーシャルネットワークサービス，インターネット電話を使った超低価格の語学学習などであり，こうした新しい

サービスが急速な勢いで身近なものになりつつある．しかも，それを実現させるために，インターネットサーバの提供やネット上での決済代行，セキュリティ確保など，さらに多くの新しいサービスがたくさん生まれている．もはや距離も国籍も関係なく，インターネットにつながる市場がすべて商圏であり，サービスの形態も大きく変化している．

b）サービス業は財務的にも有利？

意外に忘れられがちなことであるが，企業経営の観点から見ると，サービス業は，製造業に比べると財務的にも優位性があるとの見方もある[2]．

なぜならサービス業の基本は"無形物の提供"である．したがって，サービス業の多くは，生産設備として工場や現物としての原材料等の必要はなく，極端な話，優れた能力をもつ人さえいれば操業可能である．もちろん，通信や鉄道による運輸など，巨大な設備を必要とするサービス業もあるし，多くのサービス業は多かれ少なかれ製品を介してサービスを行っている．しかし，現在では，インターネットの発達とともに，会計処理も宣伝も，受注管理も発送も，企業経営に必要なものはすべてネット上で，それも，かなりの低料金で，大企業と遜色のないことができてしまう．スマートフォン1台あれば，事務所さえ必要ない．現在ほど，サービス業への参入障壁が低くなっている時代はないだろう．実際のお店（いわゆる"リアル店舗"）が1軒もなくても小売業が可能である．現に，書籍販売から始まったAmazon.comは世界中の小売業に大きな影響を与えているし，店舗が1軒もないネット専用の旅行代理店も，ネット専用の保険会社も銀行も，決して珍しい存在ではなくなっている．

またもう少し，会計学的に考えると，生産設備などの資本（純資

産)が少なければ,同じ利益を上げた場合,ROA(総資産利益率),ROE(自己資本利益率)といった指標も高くなる.そして,ROEが高ければ,銀行の担当者からあれこれ言われることもなく資金も調達でき,利益率の高い身軽で自由な筋肉質の優良企業という評価にさえなる.お金を稼ぐために必要なお金(資産)が少なくてすむのであるから,これは当然である.大規模な生産設備等の必要がなければ,オペレーションのために必要な運転資金といった固定費も発生しない.製造業のように,原料,仕掛品,製品などの在庫リスクは発生しない.現在のように市況の変化の激しい時代に,高価な生産設備をもち,多くの人を雇うことはリスクでもある.市場環境はあっという間に激変してしまう.順調なときはよいが,需要が急速に減ったとき,抱え込んだ設備は安易に破棄できるはずもなく,それらを維持するために,どのようにして資金を調達して操業をし続けるかは大きな問題である.しかし,生産設備が少ないサービス業であれば(余剰人員の問題はあるが),相対的にそのような心配は少ない.

時代の趨勢を大きな目で眺めてみれば,今後,産業全体におけるサービス業の重要性が増し,多彩なサービスが求められていくことはほぼ間違いない.その上,インターネットの発達はすさまじく,今ほどサービス業のための経営環境が整った時代はない.ということは,サービス業には,まだ手つかずの様々な機会が無数に広がっている.未来への成長の可能性を秘めた産業といえる.

1.2 国際化とデジタル化の衝撃

製造業からサービス業へ――社会の成熟とともに必然的な流れで

あるとはいえ,わずか20年の間に,なぜ,これほどまでに急激な変化が生じたのだろうか.筆者は,1990年代に始まった共産主義経済圏の崩壊と,同時進行したインターネットに象徴される情報通信技術の爆発的な普及が原因ではないかという考え方を支持している.それらがまさに車の両輪となって,急速な変化を生じさせたのである.

1989年にベルリンの壁が崩壊して東西冷戦が終結すると,今まで西側の市場経済から分断されていた旧ソ連を中心とした共産圏諸国が,一斉に世界経済に組み込まれた.しかも,時を同じくして情報通信革命が始まり,コンピュータとインターネットが爆発的に世界中に普及した.インターネットによって,それまで割高だった国際的な通信コストが事実上ゼロになり,国境の壁は一気に低くなったが,影響はそれだけではなかった.情報通信技術の発展,すなわちデジタル化の進展の影響のすごいところは,当時発展途上国と言われていた新興国の国際市場参入を容易にし,製造業の主役を先進国から新興国に急速にシフトさせたことである.

a) デジタル化とモジュール化

多くの人が指摘するように,デジタル化が進む以前は,ある機能を実現しようと思ったら,複雑な機械系と電気制御をすりあわせる高度な技術,いわゆる"匠の技"が必要であった.しかし,デジタル化が進めば,要素技術は半導体とソフトウェアに置き換えられるため,機械と電気を組み合わせた時代に比べると,部品同士のインターフェースの標準化は劇的に容易になる.すると,製品の組み立て工程のモジュール化が進み,それらのモジュールを集めさえすれば,特段高度な技術がなくても,それなりの製品を組み立てることができるようになる.一般に,製品の組み立てに必要な部品のモ

ジュール化が進むには,部品の供給サイドの企業が増え,同じ性能・機能をもった標準化された部品がどこからでも調達できるようになる必要があるが,デジタル化が進めば,好む好まざるにかかわらず,それが容易に可能となる.なぜなら,デジタル化が進んでインターフェースの標準化が容易になれば,企業は安心して得意分野に特化し,特定のモジュールだけを設計開発して製造することもできるようになるからである.こうして,デジタル化によってモジュール化が進み,製品の組み立てが容易になると,高度な技術を持ち合わせていない企業であっても,容易にその分野に参入することが可能となった."高い技術力"という参入障壁がなくなるのだからこれは当然である.こうなると新興国は,安い人件費を武器に,国境が低くなった世界市場に一気に進出することができるようになる.

b) モジュール化の代表例

モジュール化とは,いってみれば,パソコンは,素人でも汎用部品を買い集めれば,比較的簡単に製品を組み立てることができるの

と同じである．デジタル化とともに部品のモジュール化が進むと環境が一変した．後ほど事例としてあげる携帯音楽プレーヤーを考えてみると，アナログ式のテープレコーダーだった時代は，テープを回す駆動系やそれを制御するためのスイッチや，たくさんの歯車やモーターが巧みに調整され，絶妙なバランスの上に小型軽量なアナログ技術の"ウォークマン"が作られていた．しかし，デジタル化が進んだスマートフォンでは，ICと液晶だけである．主な機能はほぼICに組み込まれたプログラム（ソフトウエア）だけで実現している．参考までに，自動車の例を挙げておくと，自動車は，ボディとエンジンの配置，エンジンの特性と車体の剛性等が少しでも変わればたちまち製品のパフォーマンスは変わってしまう．いわばアナログ的な要素に依存する部分が未だに非常に多い．特定の車種のために設計された部品を微妙に相互調整しない限り，高品質な製品を安定的に組み立てることはできない．高度な組み立て技術が必要である[3]．しかし，自動車の動力が内燃機関から電気モーターにシフトすれば，部品がデジタル化し，モジュール化が進み，一足先にデジタル化が進んだ家電と同じ道をたどるのではないかと危惧されている．

　いずれにせよ，世界市場は一体化し，新興国が大量に安価な製品を供給し始めると，製品の低価格化は一気に加速した．こうなると，人件費の高い先進国がいくら"カイゼン"を重ねて高品質な製品を作っても，製品の組み立て自体は利幅の薄い産業にしかならない．もともと"高品質な製品の大量生産"は日本のお家芸であり，日本の強さの根源でもあった．しかし，製品の組立がもはやコスト勝負の産業になり，しかも，急速な円高が追い打ちをかけると，否が応でも"サービスも含めた"次なる一歩が求められる．

1.3 収益性とスマイルカーブ

台湾のコンピュータメーカーである宏碁（エイサー）の施振栄氏は，スマイルカーブという概念を提唱して，収益源が製品の組立といった製造業から，製品の企画やアフターサービスなどのサービス業にシフトする現象を説明している．スマイルカーブは，もともと同氏によって，同社のパソコン事業のバリューチェーンから提唱された概念であるが，製品の電子化・デジタル化が急速に進む中，製造業全般に及んでいるとも言われている．

製品のライフサイクルを考えてみると，川上から川下に向かって，研究開発・企画・マーケティングなどから始まり，次に，原料を掘り起こし，素材を作成し，素材を部品に加工して，それらを組み立て最終製品として仕上げ，流通にのせて，消費者に販売し，アフターサービスを行い……という一連のバリューチェーンがある．このバリューチェーンの中で，従来は，川上でも川下でもなく，その中間にある加工や組立の付加価値が非常に高かった．なぜなら，製品の組立には高度な技術を必要としたからである．しかし，前述のとおり，それらの価値が一気に低下してしまうと，逆に，川上にある原材料や素材とともに企画・マーケティングや，川下にあるアフターサービス等の価値が高まってゆく（図 1.1，1.2 参照）．つまり，両端にあるサービスの部分の収益性がますます重要になり，加工組立の価値が低くなるのであるが，これは，第二次産業から第三次産業への移行という現象に見事に重なって見える．事実，市場を見回すと，新興国からの安い製品があふれかえっている．とりわけスマイルカーブの元祖ともいえるパソコンに関しては，もう 20 年以上にわたり，急激に高性能化する一方で，それに反比例するかのような価格低下が進行している．

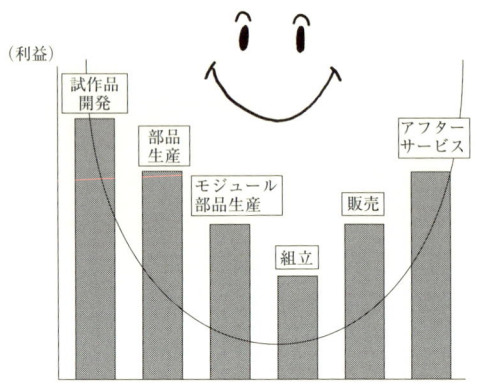

図 1.1　スマイルカーブのイメージ

（出所）　通商白書（2002）[4] の図に顔を加えた．

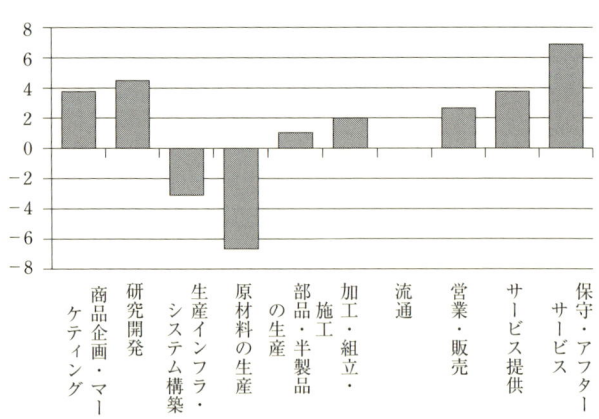

図 1.2　3年前と比較して付加価値貢献度が高まった業務工程〈製造業〉

（出所）　産業構造審議会（2011）報告書[5]

1. 進むサービス経済化とその実態

　この現象を象徴する事例がある．IBM の華麗なる転身劇である．今日我々が使っている PC（パソコン）は，IBM PC がベースとなった PC/AT 互換機であり，基本仕様を定めたのは IBM である．IBM は，PC の生みの親とも言うべき企業であり，今でも，コンピュータという製品（ハードウェア）を製造する製造業のイメージが強いが，現在の事業の中心は，サービス業である．確かにもともとはハードウエアを手広く製造していたが，前述のような状況による価格低下による，ハードウエア部門の利益率の低下はいかんともしがたい状況に陥ると，生みの親でもあるにもかかわらず，パソコン事業を中国の聯想集団（Lenovo）に売却してしまうのである．そして自らは,大型コンピュータとともに,より儲かる"コンピュータを使っていかに問題を解決するか"というソフトウエアやコンサルティングと金融, すなわちサービス業に事業の軸足をシフトさせた．現在では，事業に占める製造業の割合は１割程度である[6]．製造業からサービス業への転身である．

　同様の事例は日本でも見られ，例えば，日本の製造業の象徴ともいうべきトヨタ自動車やソニーも，現在では，国内における利益の多くは金融や映画コンテンツなどのサービス業から得ている[7]．また，カメラでは世界２強の一つでもあるニコンも，値崩れが激しい普及型のコンパクトカメラについては，製品の企画開発やマーケティング，アフターサービスこそ自ら行うものの，自社製造の割合は非常に少ない[8]．製品中心のイノベーションだけでは，もはや限界なのである．

　ビジネス環境は急速に変化し,利益の源泉が,製品の製造からサービスへ急速にシフトしていることがわかる．従来の経営戦略論などは,製品が中心で,サービスはビジネスの中核ではなく,"付け足し"のようなものであったが，そのような考え方からサービスの視点中

心の考え方へシフトしなければならない[9]．

1.4 製品もサービスと融合

サービス業がますます重要になっていくなか，従来別個に考えられていた製品とサービスについて，次第に両者を包括的に捉える傾向が強まってきている．製品がひととおり行き渡った現在，もはや人々は製品だけでは満足せず，サービスも含めた付加価値全体を求めるようになったことは既に述べたが，それを象徴する"事件"も起きている．2001年に発表されたアップル社の携帯音楽プレーヤー"iPod"の登場である．もともと携帯音楽プレーヤーといえばソニーのウォークマンが元祖であり，長い間，市場で圧倒的な強さを見せていた．ソニーは，野外に音楽を持ち出すスタイルを提案した点で画期的であったが，ソニーのビジネスモデルは，基本的には製品の製造・販売で利益を上げ，音楽ソフトは，ユーザーが別途買い求めるというビジネスモデルであった*．そのため，ソニーは，より高度な技術を追求し，それらを組み込んだ高性能・高機能な製品の開発に力を注いでいた．しかし，デジタル化によってあらゆるものがインターネットに接続されると，環境は一変した．アップル社も携帯音楽プレーヤー市場に参入したが，プレーヤーという製品だけを販売することはしなかった．そんなことをしても王者ソニーに勝てるはずがない．彼らは，製品を販売するとともに，インターネットを利用した音楽配信サービスと使いやすいソフトウエアを整備し，製品を買えば，好きなときに好きなところで音楽をダウンロードし

---

* ソニーにも音楽ソフトの事業があるが，当時はまだ有機的な連携は少なかった．

て楽しめるシステムという"サービス"の部分に圧倒的な付加価値を付けて売り出した．おりしもデジタル化の進展によって製品の製造にそれほど高い技術はいらなくなっていた矢先である．製品としての完成度や技術力はさることながら，格好のいい外見と，音楽配信サービスと一体化したコンセプトで勝負をかけた．勝負の土俵を変えたのである．この戦略は大当たりし，あっという間にウォークマンのシェアを追い越し，市場を席巻してしまった．もはや，製品の勝負ではなくなったことを世に知らしめた瞬間である．アップルはその後も同様の発想でもってタブレット型コンピュータ（iPad）やスマートフォン（iPhone）など，ブームといえるほどの世界的な大ヒットを飛ばしている．インターフェースはもちろん，そこで動く多くのアプリケーションソフトなど，他社が提供する多くのサービスを結び付けるプラットフォームを提供したのである．そして，一時は死に体だったにもかかわらず，2012年には同社株の時価総額が世界一になるほどの躍進を遂げている．同じころ，日本を代表する大手電器メーカーの多くが苦境に立たされているのとは対照的である．

　アップルのiPodは少し極端な事例であったかもしれないが，消費者が携帯プレーヤーを欲するのは，手軽に好きな音楽を聴きたいからであって，プレーヤーという製品を所有したいからではない．テレビにしても，目的は，あくまでも番組を楽しむことであり，大型液晶だ，ハイビジョンだ，3Dだと次々と新しい技術が導入されても，番組がつまらなければただの置物で，大きな画面は邪魔なだけである．逆に，画質が多少粗くても，おもしろい動画はインターネット上で，あっという間に世界中に広まっていく．同様に考えると，鉄道が欲しいのは，車両やレールそのものではなく，人や荷物を早く，安全に運ぶサービスが欲しいのである．

現在では,製品とサービスが融合し,そのうえ勝負の鍵が"サービス"に移りつつあることがよくわかってくる.今まで別々だと思っていた事業が一体化し,その中におけるサービスの重要性が急速に増している.

1.5 サービス業の生産性

サービス業の重要性がますます増大してきているにもかかわらず,統計のうえでは,日本のサービス業の生産性は,諸外国に比べて決して高くないのが現実のようだ.例えば,公益財団法人日本生産性本部(2010)の調査によれば,2009年の日本のサービス業の労働生産性は,卸小売でアメリカの4割程度で(OECD主要21か国中第17位/2005~2007年平均),飲食宿泊で4割程度(同20か国中第15位)と低く,運輸(アメリカ水準比で約半分)やビジネスサービスもアメリカの半分前後の生産性水準である.一方,製造業の労働生産性水準(2005~2007年平均/購買力平価換算)もアメリカの7割程度であり,データが得られたOECD加盟22か国中第6位で,主要先進7か国では第2位である*(表1.2参照).数値化できるデータで見る限りでは,日本のサービス業は,ビジネスとしては生産性が高くなく,競争力があまり高くとはいえない状態にあ

---

* サービス業の生産性については様々な意見があり,例えば,どういった特性をもった企業の生産性が高く,何をすれば生産性が高くなるのかといった基本的なことが必ずしも明確になっていないとの意見もある.企業間のばらつきや資本装備率の違いなど考慮しなければならない.同じサービス業とはいえ,零細なパパ・ママショップと,巨大なJR東日本を比較しても無意味である.[森田正之 (2008):サービス産業の生産性を高めるにはどうすればよいのか?-これまでの研究成果からの示唆と今後の課題 (独)経済産業研究所]

表1.2　主要産業の生産性の対アメリカ水準比

製造業	電気・ガス	卸小売	飲食宿泊	運輸	郵便通信	金融仲介	ビジネスサービス
70.6%	61.0%	42.4%	37.8%	48.4%	73.2%	87.8%	50.8%

（出所）（公財）日本生産性本部（2010）[10]

る．そう言われてみれば，海外旅行に行くと（かつての勢いはなくなってきたとはいうものの），トヨタの自動車やキヤノンのカメラ・複写機など，日本ブランドの製品は世界中どこに行っても見かける．同様に，フェデラルエクスプレスの宅配サービス，シティバンクやクレジットカードの VISA といった金融サービス，ヒルトンホテルなど，アメリカブランドのサービス業も多く見かけるが，製造業に比べると日本のサービス業で，アメリカ勢のような優等生はまだあまり多くないように思われる．日本では，"サービスしておく"が"無料にしておく"と同意であるように，そもそも市場が特殊であるのかもしれない．また，日本市場があまりにきめ細やかなサービスを求めるため，事業者は利益が上がらないという説もある．しかし，もしそうであれば，フェデラルエクスプレスやシティバンクは早々と日本市場から撤退しているはずであるが，実際にはそのようなことはなく，彼らはそれなりに利益を上げているようだ．

　いずれにせよ，日本のサービス業は，製造業に比べると，数値で見る限り生産性が低く，国際市場への進出は，（一部を除き相対的に）出遅れているようである．そして，製造業・サービス業にかかわらず，国際競争の勝者の事業形態を観察してみると，筆者には，彼らの多くが標準化を上手に利用して，"規模の経済"や"品質"を追求し，さらに，ビジネスのプラットフォームを作った結果であるように思えてならない．

1.6 サービス事業者が直面する壁

 日本のサービス業が，生産性や国際進出などがあまり芳しくない理由を考えると，全体として，サービス事業者には，製造業にはないサービス業ならではの壁のようなものが存在する印象を受ける．その壁を，標準化を使ってブレークスルーするのが本書の課題であり，そのためにまず，壁が存在する理由を確認したい．

 いくつか一般的に言われている理由がある[11]．例えば，次のようなことを挙げることができる．

① サービスは知的財産が保護されにくいこと．
② 差別化してもすぐにノウハウが真似されてしまい，

そのために，

③ ノウハウに対する価値がすぐに消滅してしまうこと．
④ 生産と消費が同時であるため，規模の経済が働きにくいこと．
⑤ 在庫できないために輸出することが難しいこと．
⑥ 無形性が強く，消費者に情報が行きわたらないため，十分な競争が起きにくいこと．

さらにサービスは，

⑦ 製品以上に文化やビジネス環境などの影響が大きく，日本式のサービスが，文化も風習も違う外国において通用するかどうかさえわからないこと．

その上，

⑧ サービス業の多くは中小企業であること．
⑨ 新しいサービスも多く市場が若いためか，体系的な人材育成ができないこと．
⑩ 経営者の国内指向が強いこと．

同様の指摘は多くあるが，経営戦略・事業戦略的な視点からは，

次のようなことが指摘されている[11]．
　① サービスは目に見えないため，製品のように他社の製品と比較して違いを明確にしにくく，サービスのブランド化や差別化が困難であり，そのため，
　② サービスの品質を上げても差別化できずに価格にも反映できないことが多いこと．
　③ 生産と消費が同時に行われるために，業務プロセスを最適化して行程ごとに効率化を図りにくいこと．
　④ そもそもサービスは，地域の歴史や文化的な背景に大きな影響を受けているため，グローバル展開しにくいこと．

サービスの多くは，経営資源が分散してしまい，規模の経済を追求しにくく，イノベーションが起きにくいのである．

また，マーケティングの観点からみると，Kotler ら（2002）は，医師や弁護士など，いわゆるプロフェッショナルサービスのマーケティングの問題点を論じている[12]．それによれば，プロフェッショナルサービスが市場で正しく評価されない原因として，
　① 第三者への説明責任，顧客の不安の軽減への努力不足，
　② 経験の重要性，
　③ 差別化が難しいこと，
　④ 品質管理の必要性，
　⑤ セールスの問題，
　⑥ 時間的な制約，
　⑦ 消極的なマーケティング，
　⑧ 広告の問題，
　⑨ マーケティングの知識不足，
といった要因を指摘している．

さらに，2009 年の経産省のサービス産業のイノベーションと生

産性に関する研究会は，上で述べたような問題を解決するには，勘と経験に頼るサービス業に，科学的・工学的なアプローチを拡大し，製造業のノウハウを活用して，プロセスを改善し，信頼性向上のための情報提供の仕組みと，品質評価のためのベンチマーキングが必要であるとしている[13]．

"サービス業には成長の可能性がたくさん詰まっている"，"サービス業こそこれからの産業である"と言われ，好むと好まざるとにかかわらず，サービス業の需要は増し，重要性も増している．しかし，サービス業には多くの困難がある．そのうえ，それらの問題への取り組みは始まったばかりで，あまり進展していない．しかしこれは，逆に言えば，そういった問題をいち早く解決することができれば，大きな成長とともに，そこには莫大な利益があることを意味している．何が問題なのかがわかれば，問題の半分は解決したようなものである．後は，適切な解決策を模索しながら，それに向かって努力を重ねればよいのであるが，その解の中に，"標準化の利用"が含まれているのではないかと筆者は考えている．

●コラム1　サービス経済化の理論●

　産業の発展に伴ってサービス業の重要性が増していくという考え方や，製品とサービスが融合するという考え方自体は，改めて近年の社会状況を持ち出すまでもなく，かなり古くから予想されていた．

　例えば，"脱工業化"という概念であるが，Bell（1973）は，1970年代に，早くも"脱工業化社会"という用語を使って，経済の成長の段階によって，第一次産業から第二次産業，第二次産業から第三次産業へと経済の主力が移り変わり，やがて，産業の中心がサービス業になることを指摘している[14]．当時既に先進国の経済に占めるサービス部門の比率は増大しており，サービス産業が経済の重要な構成要素になると認識されていたのである．その後も，同様の趣旨を指摘する様々な研究が発表され，中にはIversenとWren（1998）の"サービス経済のトリレンマ"のように，サービス業中心の経済に移行すると，所得均衡，雇用確保，財政均衡の三つを同時に満たすことは困難であるという研究さえ存在している[15]．

　一方，経営学の分野をみると，Porter（1990）は，産業の競争優位の観点から，様々な実証研究によって，サービス業が国の競争優位に占める重要性が増していることを指摘している．Porterは，経済の発展とともに製品とサービスが密接に結び付いていることを改めて指摘し，国際競争の激化を勝ち抜くためには，サービス企業が大規模化する必要があり，それにはシステム化，プロセスの標準化が重要であるとしている[16]．

　製品とサービスの一体化について藤川（2010）は，従来の様々な視点を統合する理論として，サービスドミナントロジック（SDロジック）が注目されていることを指摘している．サービスの研究は，当初，製品とサービスを対比し"サービス＝製品以外の何か"として捉えて，サービスに固有の特性を把握することから始まったが，製品とサービスを分離しては全体像がつかめないことが明らかになるにつれ，"製品を伴うサービス"と"製品を伴わないサービス"

があるという様々な理論を統合するSDロジックに注目が集まりつつある．そして，SDロジックによって，企業が生産する価値の概念も従来の概念から大きく変換することになった．従来の理論では，価値を生み出すのはあくまでも企業であり，顧客は企業が生み出した価値を消費するという一方的・分業的な見方であったが，SDロジックでは，価値を生み出すのは，企業と顧客の双方であり，相互作用を通じて価値を創造するという考え方をとっている．さらに，価値を生み出すのは，製品やサービスの購入時だけでなく，その前後にもさまざまなやりとりをする中で価値を創造するとしている[17]．

さらに，Chesbrough（2011）は，製品中心のイノベーションの限界を指摘し，サービス中心の視点，すなわち，プラットフォームとしてのオープンイノベーションの重要性が増していることを指摘している[9]．

産業の主役が製造業からサービス業へシフトするのは，歴史的な必然である．

引用・参考文献

1) "新たな経済産業構造と成長戦略の検討について"，平成23年10月，経済産業省産業構造審議会新産業構造部会（第1回）配付資料，経済産業省が内閣府"国民経済計算"から作成．
2) 今枝昌宏（2010）：サービスの経営学，東洋経済新報社
3) 藤本隆宏（2004）：日本のものづくり哲学，日本経済新聞社
4) 通商白書2002，経済産業省
5) 産業構造審議会新産業構造部会（2012）：報告書経済社会ビジョン，経済産業省
6) IBM annual report, http://www.ibm.com/annualreport/
7) 日本経済新聞，2012年9月6日朝刊
8) 渡辺広明（2012）が富士キメラ総研"2011年ワールドワイド エレクトロニクス市場総調査"158ページより作成した資料から．"デジタルカメ

ラ市場の確立過程とその展開",経済科学研究所紀要第42号,日本大学経済学部
9) Chesbrough, Henry (2011): *Open service innovation; Rethinking your Business to Grow and cooperate in New Era*, Open services innovation [博報堂大学ヒューマンセンター・オープンイノベーションラボ監修・完訳 (2012):オープン・システム・イノベーション 生活者視点から,成長と競争力のあるビジネスを創造する,阪急コミュニケーションズ]
10) (公財)日本生産性本部 (2010):労働生産性の国際比較2010年版
11) 野村総合研究所 (2010):2015年のサービス産業,東洋経済新報社
なお,野村総研の研究は,これらの要因に対する解決策を中心として議論しているものである.研究の前提となる現状認識の部分を引用した.
12) Kotler, Philip, Thomas Hayes and Paul N Bloom (2002): *Marketing Professional Service*, 2nd edition Prentice Hall Press [白井義男,平林祥訳 (2002):コトラーのプロフェッショナル・サービス・マーケティング,ピアソン・エデュケーション]
13) サービス産業のイノベーションと生産性に関する研究会 (2009):サービス産業におけるイノベーションと生産性向上に向けて,事務局:経済産業省商務情報政策課
14) Bell, Daniel (1973): The Coming of Post-Industrial Society: A Venture in Social Forecasting, Basic Books [内田忠夫ほか訳 (1975):脱工業社会の到来—社会予測の一つの試み(上・下),ダイヤモンド社]
15) Iversen, Torben and Wren, Anne (1998): Equality, Employment, and Budgetary Restraint: The Trilemma of the Service Economy, *World Politics*, Vol.50, No.4, pp. 507-546, Cambridge University Press
16) Porter, Michel E. (1990): The competitive advantage of nation [土岐坤ほか訳 (1992):国の競争優位,ダイヤモンド社]
17) 藤川佳則 (2010a):サービスドミナントロジックの台頭,一橋ビジネスレビュー2010 Sum., pp.144-155,東洋経済新報社
藤川佳則 (2010b):"モノかサービスか"から"モノもサービスも"へ,一橋ビジネスレビュー2010 Aut., pp.160-170,東洋経済新報社
藤川佳則 (2010c):価値共創者としての顧客,一橋ビジネスレビュー2010 Win, pp.154-160,東洋経済新報社

2 サービス業に標準化を導入する利点

 サービス業が産業全体に占める割合や重要度はますます大きくなっている．サービス業は成長産業であり，我々の将来を担う産業でもある．しかし，生産性や競争力への科学的なアプローチはあまり進んでいない．だからこそ，そこに標準を上手に活用して，問題を解決しようというのが本書の趣旨である．そこで本章では，そもそも，サービス業に標準を導入する利点があるのか．あるとすればどんな利点があるのかをレビューする．

2.1 標準があればもっと広がる

 "標準化"といえば，普通最初に思い浮かぶのは製造業である．しかし，サービス業においても，少なからず標準化を有効に活用できる可能性がある．確かに，サービス業に標準化を持ち込むという考え方は一般的ではないかも知れない．しかし，私たちは，知らず知らずのうちにサービス業の中でも標準化の考え方を利用している．そして，実際にその恩恵も予想以上にたくさん受けている．したがって，それらを体系化して一般化し，様々なサービスに応用することができれば，利用者はより便利になり，既存の事業者も事業をより効率的に展開することができる．また，新たなサービスに事業を拡大することもできる可能性がたくさんあるのではないかと筆者は考

えている.

a) 身近な例から考える

例えば,ホテルという宿泊サービスを例に考えてみる.ホテルのランクを表す指標に,"ひとつ星""ふたつ星"のように星の数を使ったものが存在するが,これも一つの標準である.ISOのような公式な標準化機関が決められた公正な手続きに則って制定した国際標準ではないものの,"どういう場合が星一つで,どういう場合が星二つで……",とそれなりの基準というか"標準"があるために,利用者は,目的や予算に応じてホテルを使い分けることができる.

その一方でホテル側は,自らがターゲットとする顧客だけに,効率よく自らをアピールすることができる.ただ,今のところ,それらの標準は世界共通ではなく,文化や国柄によって少しずつ異なる部分があるため,同じ星の数でも地域によってサービスレベルや内容が異なっていることもあり,少しややこしい[1].何気なく"2人部屋"を予約したところ,現地についてみたらダブルベッドだったりすることもあり,夫婦やカップルならともかく,そうでない場合は悲喜劇が起こる.それに加え,国外のホテルに泊まるとチップを払うことも少なくないが,これも金額や渡すタイミングなど正直頭

が痛い．"普通は，こういう場面では，このくらいが相場ですよ"という標準（規格等）があれば随分と快適だと思う．これは，決してチップの習慣のない日本人だけの悩みではないようだ．

b) 医療サービス

高齢化社会の到来に伴って，高度な治療に加え，介護，リハビリといった医療周辺のサービスの需要も確実に増加している．そのため最近では，雑誌等でしばしば"頼れる病院"とか"病院ランキング"のような特集を見かけるようになってきたが，よくよく考えてみると，我々がそういった施設を選ぶときは，人の噂や紹介ならまだしも，"何となく大病院だから大丈夫そうだ"など，随分と曖昧な基準で選んでいる．何らかの標準，例えば，サービス内容についての標準とそれに基づく認証制度等がないわけではないが，そのような標準が現状より広く多くの人に知られていれば，いざ病気になって冷静さを失っているときでも，的確に病院を選ぶことができることだろう．

c) 教育も家事もサービス業

社会が豊かになるにつれて，例えば，教育に関するサービスの需要が急速に増加しているが，このサービスに関しても曖昧な部分が少なくない．今では駅前には，必ずといっていいほど，英会話スクール，専門学校，塾があり，そのうえ，郊外の大学が，社会人を対象にした大学院のサテライトキャンパスまで設置している．しかし，これらの教育を受けて，本当にどこまで効果があるのか，明確な標準があるのであろうか．これが製品であれば，"〇〇という規格によって試験を行った場合，△△という基準を満たしています"という意味の認証マーク等を見かけることも多いが，"〇〇か月で，□

□試験で何点以上とれることを保証します"といった認証マークを付けた学校は非常に少数であろう．仮に"保証します．"という宣伝文句が真実だとしても，公的で公平な，広くコンセンサスの得られた客観的な標準があることは少ない．教育のように，実際に利用してみないと評価できないサービスこそ，何らかの標準が必要である．そのような標準が広く普及していれば，利用者はより安心してサービスを受けられるうえに，サービスを提供する学校にとっても，標準が一つの目標や目安となり，サービスの差別化をアピールすることもできる．

社会状況の急速な変化と言えば，女性の社会進出が当たり前になりつつあるが，それに伴い，近年では，保育所はもちろん，家事代行のようなサービスも珍しくない．しかし，そのような新しいサービスのサービス内容や品質等については，一般的には，まだまだ実際に利用してみないとわからないとうことが多い．

d) サービス業にも標準化を

いくつかの簡単な事例を挙げてみたが，このような視点から改めてサービス業を考えると，それでは，旅行代理店のサービスはどうか？　宅配サービスはどうか？　クリーニングは？　不動産業仲介は？　レンタカーは？　銀行は？　弁護士や司法書士は？　経営コンサルタントは？　行政サービスは？　と様々なサービスが無限に思いついてしまう．しかも現在では，インターネットの普及ともに，今まで想像もつかなかったサービスが次々と登場しては消えていく状況である．普段はいちいち気にもとめていないが，実は，たくさんのサービスを利用していることに驚くばかりか，"標準"というフィルターを通してみると，以外に不便であったり，非効率的だったりすることに気が付く．そして，ほんの少し工夫すれば不便さが

改良されるのに，不便な状態を"当たり前"だと思って受け入れていることが多いこともわかる．

改めて探してみると，サービス業にも実は既にいろいろな標準（規格等）があることも少なくないが，既に標準が存在するなら，それらがもう少し体系化されており，より多くの人に知られていれば便利である．また，サービスを提供する側にとっても，その標準によってサービスの内容を明示することもできるし，他社との違いを明確に説明することもできる．標準化は経営のツールであり，上手に活用すれば利用者は増加する．利用者が増えて取引が盛んになれば市場が形成され，新しいビジネスチャンスが生まれる．

もちろん反論として，あらゆるサービスをことごとく標準化してしまったら，サービスの内容が均一化されてしまい，多様なサービスの提供がなくなってしまうという考え方もある．しかし，衣食住にこと足りている現在社会においては，どちらかといえば，提供されるサービスが多岐にわたり複雑で，選択肢が多すぎるために選択できないことのほうが多い気がする．数あるサービスの差異はどこにあるのか．それらをどのように評価すればよいのか．そしてそのサービスは安全・安心なのか．そういった悩みのほうが多いように思われる．したがって，そういった不便さを解消する"交通整理"の意味で，"任意"の標準が必要である．標準に規定してある要求事項を厳密に適用するかどうかは自由ではあるものの，"○○というサービスは，普通はだいたいこんな内容ですよ"とか，"一応『標準』的なサービスの水準はこの辺ですよ．"という，比較検討のためのモノサシである．確かに詳細に調べていくと大多数のサービスについては，それぞれを所掌する行政当局の指導や法律などによって，最低限守らなければならないことは大方決まっていることが多い．しかし，サービス業が多様化・高度化している現在，法律でもっ

て規定しなければならないような基本的な基準以外に，何の標準も
ないという状況もいかにも不親切である．評価や品質が一応規定さ
れてはいるものの，その規定の遵守については任意という，フレキ
シブルな仕組み，すなわち標準が便利である．

e) 標準というインターフェース

標準化を利用して，利用者と供給者をつなぐ仕組みが便利である
ことは，既に標準化が定着している製造業のケースを考えるとよく
わかる．例えば，現在では，実に様々な種類の電池が売られている
が，どのメーカーの電池であっても，規格に一致していれば，基本
的な形状・寸法・電圧等は同じで，一定の品質は保たれている．利
用者は，電池の専門知識があまりなくても，規格に少し気を付けて
いれば安心して電池を選ぶことができる．具体的に手に持って触っ
て，購入前に事前に確認できる製品でさえこれが現状である．無形
物であり，生産と消費が同時であるサービスであれば，なおのこと
標準（規格）が必要なのではないだろうか．

f) 比較のモノサシ

標準化の利便性は，提供者と使用者の間にインターフェースを提
供して，両者のミスマッチを解消するだけではない．一定の比較検
討のためのモノサシがあれば，サービスの提供者はそれを基準にし
てサービスの質を高めることもできる．また，無駄を省いて生産の
効率化もできる．日本では，"お客様は神様"という考え方が一般
的で，これはこれですばらしい考え方ではあるものの，だからといっ
て，お客様に言われるがままに，あれもこれも対応していたら，経
営資源はいくらあっても足りず，ビジネスとして成立しない．では，
手抜きをすればよいかといえば，やみくもに手抜きをすれば，サー

ビスはだいなしであり元も子もない．しかし，ここに"標準"のような何らかの基準があれば，何に力を注げばよいのか，逆に何は手を抜いていいのか，また，そのような相場観を理解したうえで，あえて逆張りするのか，明確にすることができる．

　"標準化"の視点で既存のサービスを眺めてみると，サービス業については，その重要性が叫ばれている割には，内容，取引方法，品質，評価方法等に関する緩やかな基準や取り決め，すなわち"標準"が不足していることがわかる．実際，サービス業の多く，特に新しいサービスについては"標準（規格）"として手順や評価基準が文書化されて整理されるほどに成熟していないのかも知れない．また，あまりに変化が激しく多様すぎて，標準化できないのかも知れない．確かに"サービスの標準化"と言われても，どうもピンと来ないし，実際に取り組んでいる人たちも試行錯誤を繰り返している段階にある．そのうえ具体例もあまり知られていない．公的な標準（規格）がなくはないが，新しいものが多く，まだ数も少ないのが現状である．しかし，それならば，より有効な標準を作ればよい．前述のように，標準があれば，効率的でより高品質なサービスが生まれる土壌を整えることができる可能性が高い．そして，それによって，潜在市場を掘り起こすこともできるかも知れない．とはいうものの実際，サービスを標準化するといっても，具体的に何をどうすればよいのか非常に難しい．最初は大きな矛盾，批判や反対等の困難に遭遇するかも知れない．さわさりながら，だからといって，いつまでも目をそらしていても何も始まらない．基本的な現状認識や先行事例を踏まえたうえで，なぜ難しいのかその原因と対策を考えいく必要がある．そして，それらがうまくいけば，誰よりも先んじてビジネスチャンスを広げることができる．

2.2　身近にある成功例

サービス業に"標準"が不足していることばかり述べてきたが，実は，サービス業においても，標準化を上手に活用した成功事例が数多く存在する．また，JIS や ISO 等の公的な規格を使用した事例もある．しかも，身近なところで見ることができる．

a) コンビニの事例

例えば，セブンイレブンに代表されるコンビニエンスストアの事例がある．現在では，コンビニ業界の売り上げは，百貨店をも凌ぐほどに成長しているが，この原動力は，標準化の巧みな利用といってもよい．当たり前であるが，コンビニエンスストアの場合，同じチェーンであれば，看板や店の作りはもちろん，商品の並べ方，配送・補充の方法，お弁当の調理の仕方，レジで集める顧客情報の処理，従業員の挨拶の仕方や返品対応に至るまで，店内で使われているモノやサービスが徹底的に共通化，すなわち標準化されている．もしこれが，家族経営のパパ・ママショップのように，一軒一軒別々の方法で独自のサービスを提供していたら——それはそれで"味がある"という意見は決して否定しないが—— これほどまでに多様な商品を提供し，しかも商品の品質を保ちながら，効率的に事業を展開することは不可能である．これらは，標準化を徹底的に活用し，規模の経済を追求したからこそ実現できるサービスといえる．これが標準化の威力である．

b) ハンバーガーチェーンの事例

社内標準化で大成功した事例といえば，先輩格のハンバーガーチェーンを挙げないわけにはいかない．代表格であるマクドナルド

の経営には，徹底して標準化が活用されている．すぐに気が付く看板やメニューはもちろんであるが，それ以外にも，ミートパテにケチャップを落とす位置，ポテトの塩の振り方などの製造手順，挨拶，注文の承り方や代金の授受の仕方，商品の取りそろえ方や，商品の受渡し，再来を促す挨拶などの接客サービス，さらに，清掃方法や従業員トレーニングの仕方や昇進試験に至るまで，徹底的に標準化が図られ，細かくマニュアルにまとめられている．また，経営管理の方法についても，店長などの管理スタッフのために，人・物・金の管理が標準化され，マニュアルとして整備されている．例えば人事管理であれば，採用方法や募集媒体別の経費や定着率，面接の方法（面接チェックリスト），誰が，どのように，どれくらい時間をかけてトレーニングするかも細かく標準化されている[2]．

現にマクドナルドの事例については，王（1998）は，日本のチェーンレストランの黎明期を振り返り，チェーンストアの成功の鍵として，標準化・マニュアル化を挙げている[2]．そして，成功したチェーンは，業務を徹底的に標準化し，細かいマニュアルをもっていることを指摘している．その中には，勘や経験に頼る手法でなく，常に合理的な手法で店舗の問題点を分析し，実行し，評価するといった，マネジメントサイクルの標準化も含まれている．現在，我々がPDCAサイクルと呼ぶマネジメントシステムの規格における中核的な考え方と同じである．確かにこのように標準化を利用すれば，サービス業に規模の経済を持ち込むことが容易になるし，風俗・習慣の異なる外国への進出も効率的である．標準化によって規模の経済を追求し，徹底して効率化を推し進めたわかりやすい成功例であるといえる．もちろん"サービス"という言葉にはさまざまな意味を含むため，セルフサービスが基本のチェーンストアに対して"サービスがよい"というのには抵抗があるかも知れない．好き嫌いの問

題も大きい．この辺が，サービスに対する科学的アプローチを難しくしているところであるが，少なくとも，小売りや外食というサービス業の機能を考えた場合，標準化を利用した成功例ということができる．

c) SUICA の事例

　コンビニやハンバーガーチェーンの事例は，どちらかと言えば"社内標準化"であり，一般に考える"標準化"や"規格"のイメージとは異なるが，同じサービスでも複数の会社にまたがってくると，社内標準化も，公的な標準化も根底にあるものは同じであることがわかる．

　有名な事例としては，JR 東日本の SUICA など，交通機関で利用する IC カードがある．このような IC カードは，利用する電波の強さや周波数等の信号形式，決算方法等がすべて標準化され，規格としてまとまっているからこそ実現可能なサービスである．共通の仕様があるから，異なる事業者の鉄道を連続して利用しても，同じカードで同じように決済することができる．少し前までは，電車に乗るときは，紙の切符をその都度購入していた．しかし，IC カードに慣れてしまった今となっては，雨の日に傘を持って，鞄から財布を取り出して，硬貨を取って紙の切符を買って，おつりを受け取るという一連の行為の煩わしさは想像がつかない．IC カードの標準化は，カードや受信機といった製品の標準化であるようにもみえるが，サービスを行うために製品が介在しているだけである．事の本質は，公共交通という旅客"サービス"における標準化の利用である．標準が存在するから，素早い改札や小売りといったサービスを提供することができる．顧客サービスを向上することができ，改札作業というサービスの効率化・合理化が可能になる．

d) プライバシーマークの事例

JIS や ISO 等の公的な標準を使っている事例としては，各種認証マークを挙げることができる．代表的な例として言えば，インターネット上のショッピングサイトを覗いていると，しばしば見かけるようになった"プライバシーマーク"（図 2.1 参照）を挙げることができる．これは，JIS Q 15001（個人情報保護マネジメントシステム − 要求事項）という公的な規格を利用した認証制度に基づいて，一般財団法人日本情報経済社会推進協会（JIPDEC）から交付されたマークである．JIS Q 15001 は，簡単に言えば，"業務上取り扱う個人情報を，安全で適切に管理しているとは，どういうことなのか"を標準化したものである．この規格をもとに，サービスの提供者でも利用者でもない第三者が事業者の仕事の仕組みや管理体制，すなわち，組織が方針及び目標を定めその目標を達成するためのシステムを厳正に審査し，その結果"個人情報を適切に管理している"ことが認められるとこのマークが付与される．インターネットの爆発的な普及によって，近年"顧客の個人データがインターネット上に流れて被害が出た"といったニュースをしばしば聞くようになった．ショッピングサイトなどに，個人情報を入力するときは非

図 2.1　プライバシーマーク

（出所）　一般財団法人日本情報経済社会推進協会[3]

常に不安である．そのようなとき，このプライバシーマークがあれば"個人情報が適切に保護されている"と利用者は一定の安心を得ることができるし，サービスの提供者も，自信をもって安全性をアピールすることが可能となる．

プライバシーマーク制度は製造業でも利用することができる．しかし，基本的に製品を作って売り切るのが主体の製造業よりも，無形物を取り扱うサービス業においてこそ，利用価値が大きいのではないかと考えられる．実際にマークが付与された事業者数をみても，第三次産業，すなわち広義のサービス業が圧倒的に多い（表2.1参照）．

表2.1　プライバシーマーク付与事業者数
（2012年10月16日現在）

農業	0社	運輸・通信業	540社
林業	0社	卸売・小売業，飲食店	785社
漁業	0社	金融・保険業	241社
鉱業	0社	不動産業	132社
建設業	183社	（狭義の）サービス業	9 464社
製造業	1 394社	公務	0社
電気・ガス・熱供給・水道業	15社	分類不能の産業	0社

（出所）　一般財団法人日本情報経済社会推進協会[5]から．

e）マネジメントシステム

認証と言えば，品質マネジメントシステム（ISO 9001）や環境マネジメントシステム（ISO 14001）といった有名な国際規格があ

図 2.2　環境マネジメントシステムの認証マーク（JSAの例）
（出所）　一般財団法人日本規格協会[6]

る．これに基づいたマネジメントシステムの認証は広く知られており，街中で認証マークを見かけることも多い（図2.2参照）．これらの規格もまた，もともと製造業の品質マネジメントの標準化から始まったものであるが，環境問題への関心の高まりとともに，現在では，運輸，小売り，ホテル，金融等のあらゆるサービス業に加え，学校，病院に至るサービス業，さらに市役所といった行政機関でさえも認証を取得している[4]．マネジメントシステムの認証は，大雑把に言えば，品質や環境という側面から"的確に業務を行う環境が整っている．そのとおりに事業を行っている"ことの認証である．サービス業のように無形物の取扱いを主体にして，しかも，提供するサービス自体の標準が少ない業種にこそ，有効な仕組みといえる．

　いずれにせよ，私たちは毎日さまざまなサービスを利用しており，そこには標準化が関係している．毎日電車に乗って移動し，電話で会話し，インターネットで情報を引き出し，銀行で公共料金を決済し，宅配便で物を送り，ネイルサロン，マッサージ，美容室などを利用して，塾や学校に高い学費を払っている．その中で，まだ影響力はあまり大きくないかもしれないが，多くのサービスに，何らかの形で標準化が絡んでいる．もっと，サービス自体の標準化を考え

てもよいと思う．

2.3 国際化とサービスの標準化

現在では国際化が進み，情報通信技術の普及によって人々がインターネットを使っている．それによってますます国境の壁は低くなり，ますます国際化が進むという循環が進行中である．"サービス経済化"だの"製品とサービスの融合"といった難しい説明がなくても，国際化が進み，人々が当たり前のように国境を越えれば，様々な場面でサービスの標準化のニーズは高まってくる．

銀行業務などはその典型である．日本の銀行業は，もともと規制に守られた国内産業であったが，市場がグローバル化して国境を越えた取引が盛んになれば，国際的な取引は増大する．その場合，取引におけるルール，例えば，データの形式や通信方法，取引形態等が標準化されていないと業務効率は非常に悪くなる．また，インターネットを使ったサービスが一般的になれば，その場合のサービスの手順や課金方法なども統一されていたほうが便利である．国が変わるたびにやり方や課金方法が変わってしまったら，安心してサービスを利用できない．

また，企業の海外進出が進み，外国でビジネスをすることがごく当たり前となれば，例えば，国境をまたいだマーケットリサーチも必要となるが，調査方法が統一されておらず国によって処置がバラバラであったら国際的な比較もままならない．さらに，外国に現地法人を立ち上げれば，人材派遣の利用や外注先の企業との契約も増えてくるが，こういった業務は，一般的に，進出した先の国の法体系や社会習慣・宗教などによってビジネスの進め方が大きくが異なることが多く，その都度対応するには非常に手間がかかりコストも

増大する.何らかの標準があれば便利である.そもそも海外進出と言えば,かつては力のある大きな会社に限られた話であったため身近に問題が表面化しなかったが,現在では,中小企業であろうと地方都市であろうと,有無を言わせず海外進出せざるを得ない時代になりつつある.多くの企業が海外進出するたびに,サービスの売買のために一から調整していたのではあまりに効率が悪い.

多くの人がいとも簡単に国境を越えるようになると,もっと生活に密着したところでも,標準化のニーズは高まってくる.例えば,海外に行くための旅行代理店であるが,このサービスもある程度標準化されていたほうが間違いはない.多くの人が経験済みであろうが,海外に行くと,言葉が満足に通じないままでコミュニケーションをとらざるを得ない.しかも,見ず知らずの代理店を相手に不安もある.そのようなとき,サービスのプロセスや最低限の保証だけでもある程度標準化されていれば,どれだけ助かるかわからない.また,当たり前のように外国に長期滞在し,居住する人が増えてくれば,郵便や上下水を利用せざるを得ないが,そのような公共サービスの標準化のニーズも高くなる.課金方法が従量制なのか一定料金を払えばいいのか,請求書はどのように読めばよいのか等,実際に暮らしてみると不安は尽きない.電気やガスなどの公共サービスは,同じ地域に長年住み続けていると,自分が利用しているサービスのやり方が当たり前だと思い込みがちであるが,その当たり前も国によって違うのである.それに加え外国で生活するとなれば,結婚式や葬儀など冠婚葬祭に関するサービスにしても,標準化のニーズが必然的に高まってくる.冠婚葬祭などは,風俗・習慣・宗教が違えば当然異なるし,外国人にとっては非常にわかりにくい.

以上思いつくままに身近な例を挙げていったが,これらのサービ

スのいくつかは，すでに国際標準化機構（ISO）においても標準化の検討が進んでいる．人々がいとも簡単に国境を越える現在，それに対応したサービスの標準化も急務となっている．

2.4 標準化競争に乗り遅れるな

産業におけるサービス業の重要性が増しており，標準化を活用した成功事例があるとはいえ，では，なぜそれほど急いで標準化の活用を考えなければならないのか．その原因は，市場が単一化したことによる標準化のインパクトの増大と，標準化のタイミングの重要性が考えられる．

a) 標準化のインパクトの増大

経済のグローバル化によって，人や資本の往来が格段に自由になれば，経済活動の自主性が高まり国際貿易は急速に拡大する（図2.3

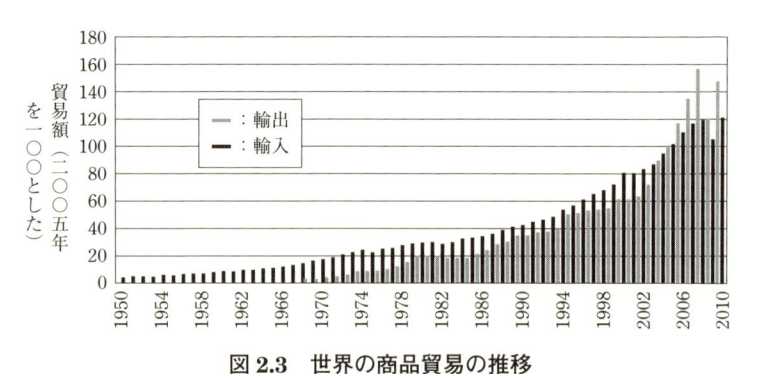

図2.3 世界の商品貿易の推移

（出所） WTOのウェブサイトから筆者作成[7]

2. サービス業に標準化を導入する利点

参照).多くの企業がグローバルな戦略のもとに世界市場で活動し始めるため,世界市場はグローバル化して単一化する.そして,巨大な世界市場が現れれば,標準が市場に与える影響も,従来に比べると桁違いに大きくなる.なぜなら,世界中の市場が一つということは,全世界に共通な標準が成立すればその標準があっという間に世界中に伝播するからである.

ここで世界市場の単一化についてふりかえると,わずか20年前,東西冷戦が終結するまでは,統制的な経済の共産圏諸国と発展途上国は,世界市場にあまり影響を与える存在ではなかった.当時の自由貿易のプレーヤーは,日本とアメリカ,西ヨーロッパ,それにオセアニアが加わる程度で,いわゆる先進国が中心であった.現在では高度成長著しい新興国も,当時はまだ先進国の求めに応じて資源や農産物など輸出している程度で,世界市場に与える影響は限られていた.例えば,冷戦凍結時,1990年の中国のGDPは,2010年のわずか1/20以下に過ぎない[8].しかし,冷戦が終結すると,情報通信技術の発達とともに,国際市場は急速に単一化した.さらにこれに拍車をかけるように地域連携も進展し,主な地域連携をみても,EU(欧州連合,27か国,5.2億人),NAFTA(北米自由貿易協定,3か国,4.5億人),ASEAN(東南アジア諸国連合10か国,6億人),MERCOSUR(南米南部共同市場5か国,2.5億人)[9],TPP(環太平洋戦略的経済連携協定)[10]等がある.わずか20年の間に,国境の概念がかなり変容した.

また,現在の世界貿易の枠組みは,基本的にはWTO(世界貿易機関)協定が基礎となっているが,同協定の中には,標準に関する規定としてTBT協定(世界貿易機関の貿易の技術的障害に関する協定)があり,その中で,"各国の標準が国際標準に統一されれば,国ごとの差異がなくなり,非関税障壁がなくなる"という考え方に

基づいて，加盟各国の中央政府に，"国際標準を優先的に採用する"ことを求めている[11]．同協定に国際標準の定義は明確には書かれていないが，これによって実質的には，各国政府の標準はISO，IEC，ITU等に整合させることになった．WTO協定は155か国(含地域)が署名しており[12]，世界中が国際標準に向かって動き出したと言ってよい．

b) 標準化はタイミングが重要

市場における標準化のインパクトの増大とともに，標準化は，とりわけそのタイミングが重要であることにも注意が必要である．大雑把な言い方すれば，新興国が勃興し，先進国の産業の中心が，製造業からサービス業へと移り変わり，世界貿易が急拡大している現在は，新たな仕組みが立ち上がろうとする過渡期といえる．それは同時に，市場において，今後どのような標準が主流になるのか決定付けられるときであり，規格を作成する絶好のタイミングでもある．

標準化は早すぎても遅すぎてもいけない．これについてもまた，既に標準化が行き渡った製造業の事例を考えるとわかりやすい．標準化とビジネスと言えば，家庭用VTRの標準化競争（コラム2参照）や，コンパクトディスク等の光ディスクの標準化競争などの，家庭用エレクトロニクスの競争の事例が有名であるが，柴田(1998)は，Rogersの普及曲線[13]の考え方をもとに，それらに関する製品の標準化とそのタイミングについて言及している[14]．柴田によると，例えば，家庭用エレクトロニクス製品の場合，世帯普及率2～3％に至る段階で優位に立っていた標準が，最終的に市場で最も使われる標準，すなわち，デファクトスタンダードとなるとしている．これは逆に言えば，世帯普及率が2～3％未満であるなら逆転の可能性があるものの，それを超えた時点で何らかの標準が優位に立つ

と，それ以後の逆転は非常に難しくなることを意味している．一般に，新しい製品やサービスが，広く知られた存在になるのは，Rogersの図でいうアーリーアダプターが使用を始める普及率が10％を超えてきたあたりであるが，柴田によれば"どの標準が市場で優勢（ドミナント）になるかは，それよりもはるかに早い時期に決定されている"という．現実問題として，何かすばらしい技術に基づく標準を作成したとしても，市場がそれを受け入れるほどに成熟していなければその標準は使われないし，逆に一度決まった標準を後になってから覆すのは至難の業である．

柴田の指摘は，家庭用エレクトロニクスという特定の分野における少し極端な事例で，単純に一般化するのは無理があるが，一度定着した標準は容易に覆せないという事実については，ISO や IEC のような公的な規格（デジュール規格）の場合*であっても，よく似ていることが少なくない．すっかり日本の社会に定着した規格の一つに，ISO 9001 等のマネジメントシステムの規格があるが，これらの規格について，未だに"どうも日本の会社の風土や倫理観・価値観から考えるとしっくりこない．"という議論を聞くことがある．しかし，仮にそうであったとしても，ここまで定着してしまった今となっては，根本的な変更は不可能である．

標準化は，かくも左様にタイミングが重要である．慌てて急いで

---

* デファクト規格（デファクトスタンダード）とは，"市場競争の結果の事実上の標準となった規格"であり，デジュール規格とは"公的で明文化され公開された手続きによって作成された標準"である．したがって，厳密に言えば，規格の作成手続きがどうであれ競争の結果"市場で支配的"となればその規格はデファクトスタンダードである．しかし，一般的には，デジュールスタンダードとは区別され，"『個別企業等の』標準が，市場の取捨選択・淘汰によって市場で支配的となった規格"をデファクトスタンダードという．

標準化してもコンセンサスがなければ誰にも相手にされないし，逆に"ぼー"っとしていて周囲の状況の観察を怠ると，ある日突然"これが『標準』です．これに合わせなければ，市場では受け入れてもらえません"という状況に陥ることになるかも知れない．そして，その場合，他社が作った他社の習慣や技術に則した規格，すなわち，他社に有利な規格に従ってビジネスを強いられることになる．こうなると，市場に出遅れて，先行者利益を得られないどころか，場合によっては特許使用料を払わされたり，そうでなくても考え方を変えるだけでも大変な負担となる．市場で優勢になった規格について，もともとその規格に慣れ親しんでいる人たちはよいが，そうでない人は考え方からやり方はもちろん，業務プロセスも大幅に変更しなければならない（コラム3参照）．なぜ，その規格に沿った技術を使うのか，背景もわからない．そうなれば，せっかくの研究開発は無駄になるし，製品設計のための設備投資も無駄になってしまう．社内のマネジメントの方法も一から変えなくてはならないかも知れない．そのような事態に陥らないためには，最初から，自分にとって使いやすい規格，せめて自分に不利にならない規格を作っておかなければならない．

　詳細は第5章で述べるが，ヨーロッパでは，官民をあげてサービス業に関する公的な標準化を強力に推し進めている．現時点では，まだ大きな影響力を及ぼすには至っていないようにも見えるが，彼らの標準化の取り組みが確実に成果を出し始めるときはもう手遅れで，そのときには逆転は不可能なのかも知れない．ヨーロッパ発の国際規格が，日本にとっても便利で使いやすければ問題はないが，気候も歴史も風俗も習慣も異なる日本の事情とヨーロッパのそれが，そうそう簡単に一致することも考えにくい．場合によっては，自分たちにだけ都合のよい規格を作ってしまうかも知れない．もちろん，

ヨーロッパには、ヨーロッパ統合（EU）という後戻りできない彼らなりの事情がある．戦争を繰り返してきた歴史的背景もあって、必死に標準化を進めているという側面も大きいのであるが、試行錯誤を続けるうちに標準化の上手な利用方法が見つかれば、それは結果的に、ヨーロッパが、自分たちに都合のよい国際標準を獲得することになる．そうなってから、あわてて急いで標準化競争に参戦しても、勝負は既についている．標準化はタイミングが重要なのである．

なお、国際的な標準化の動向は、常に把握しておかなければならない．動向を理解した上で関係ないと判断すれば何もしなければよいだけであるが、そうでない場合は、タイミングを見計らって手を打つ必要がある．標準化がどのような影響をもつのか、そして、規格がどこでどのように作成され、どうしたらそれに影響を与えられるのか、日頃から情報を仕入れておかないと、いざというとき何もできない．常にアンテナを張っておくことを強く勧めたい．

―――― ●コラム2　家庭用 VTR の標準化競争● ――――

最近では、すっかりビデオテープを見なくなってしまったが、標準化競争を考えるとき、家庭用ビデオテープレコーダー（VTR）の事例を外すことはできない．

VTR は、放送業務用を中心に 1950 年代から研究が始まっており、家庭用についても、1969 年には松下電器や日本ビクターからさまざまなタイプの VTR が発表され、フォーマット乱立期を迎えていた．そこで、1970 年にソニー、松下電器、日本ビクター等は、U-Matic を共通の標準とすることに定め特許協定に調印した．しかし、U-Matic は家庭用としては大きく高価過ぎたため、ソニーはベータ方式を開発して各社に打診したものの、松下電器からの回

答はなく，1975年にベータマックスを先行発売した．これに対して日本ビクターは，翌年VHS第1号機を発売した．

　こうしてVTRは規格統一されないまま，ソニーと日本ビクター両陣営の仲間づくりが進んだが，賛同企業については当初の勢力は互角であり，両陣営に差はなかった．また，ベータ，VHSともに，技術的にそれほど大きな差はないと言われている．どちらもU-Maticの技術の応用であり，総合的に見て大差ないというのが一般的である．確かに松下電器は，1977年に4時間連続録画技術でアメリカ市場にVHSを浸透させたとか，画質は若干ソニーのほうがよい等の説もあったが，決定的な差にはならなかった．

　両者に差が生じ始めたのは，録画済みカセットが出回ったころである．初期のVTRはテレビ番組の録画に限られていたが，日本でビデオレンタルのサービスが開始されると事態が一変したといわれている．VHS陣営は，レンタルビデオ店に営業攻勢をかけ，VHSのソフト数が圧倒的に多くなるように仕掛けた[15]．その結果，多くのユーザーが使っている方式のソフトがより多く供給され，ソフトの流通量が増えれば，ハードの購入が多くなり，ハードが多くなればますますソフトの供給も多くなる好循環が生まれると，もはやVHS陣営の勢いを止めることはできなくなった．そして，1983年には，ベータ陣営の東芝，三洋電機，日本電気（NEC）も，ついに輸出用に限ってVHSの製造販売に乗り出した．ベータ陣営の劣勢を挽回しようと，ソニーは"ベータマックスはなくなるの？"，"ベータマックスを買うと損するの？"，"ベータマックスはこれからどうなるの？"という広告を出した[16]が，時既に遅くこれは逆効果になり，1988年にソニーもVHSの発売に踏み切った．

　以上が一般的に知られた家庭用VTRの標準化競争の概要であり，一般的にはソニー陣営の敗北とみられているが，この戦いには別の側面もある．家庭用では敗北したソニーであったが，業務用では圧倒的な強さを見せた．1981年に"ベータカム"を発表すると，一気に業務用の市場におけるデファクトスタンダードとなった．松下

電器も"Mフォーマット"で対抗したが，ソニーが放送用市場の9割以上を占めた[17]．また，特許という観点から見れば，ソニーは必ずしも敗者ではなかった．VHSには，ソニーのU-Matic規格の技術が多く使われているため，協定を結んだ松下電器，日本ビクター以外のメーカーは，ソニーに多額の特許使用料を払う必要があった．規格競争の勝者といわれる日本ビクターは，VHS関連の特許収入を累計2 000億円以上得たと見られるが，ソニーはそれ以上の特許料を得たともいわれている[18]．

一般に考えられているほど，標準化競争は単純ではないようだ．

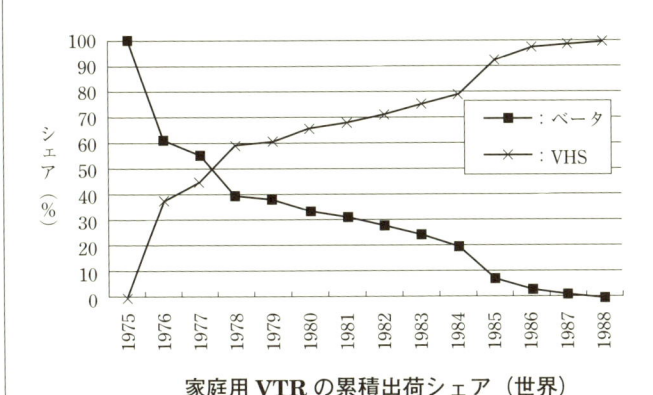

家庭用VTRの累積出荷シェア（世界）

（出所）　Cusumano, Mylonadis, Rosenbloom（1992）が日経新聞・日経ビジネスなどを元に集計したデータをグラフ化[19]

●コラム3　*標準化にも魂が宿る*●

　国際標準化の崇高な精神を考えると，特定の文化や思想の影響を受けていない人類にとって普遍的な共通事項を見つけ出して，それを世界共通のルールとするのが理想である．しかし，そうはいかないのが現実である．例えば，本人の意識とは関係なく，宗教の影響を受けていない人間など存在しないし，"日曜日は休み"といった，私たちが当たり前過ぎて何とも感じていないことも，イスラム教の人からすれば，キリスト教のローカル思想だったりする．

　標準化活動も，特定の国の中だけで，製品に特化した活動を行っているうちは，まだそれほど大きな問題はなかったのかもしれない．しかし，現在では，マネジメントシステムや組織の社会的責任（SR），プロジェクトマネジメントのような国際規格が多数制定されている．

　そもそもサービス業の多くは，その国の文化や習慣が基礎となっているものが多い．何を"ありがたい"と感じて，何を"お節介"と感じるのか．ある程度の普遍性はあるものの，根本にある"魂"の部分はそう簡単に変わるものではない．したがって，新たな規格が作成されて，それを遵守しようとすれば，単なる規格というだけ

でなく,基礎となって文化や風俗を根づかせるプロセスも必要となる.自らの文化や風俗にあった規格が国際規格として制定されればそんな労力は不要であるが,そうでない場合は,大変な負担を強いられる.これが,積極的に国際標準化に参加しなければいけない理由である.理詰めで考えれば確かにいいのだけど,なんかしっくり来ない.そんな規格に取り囲まれてしまってからふと気づいても,サービスの場合,製品以上に手遅れかもしれない.

ところで,少し昔の話であるが,標準化の研修会に出ていたときのこと."国際的なコンセンサスといっても,世界には様々な価値観があります.例えば,私たちアメリカ人は何でも言葉で話し合う文化ですが,あなたの国日本では,必要以外は喋らず,むしろ沈黙を保って泰然自若としていたほうがいい.そういう文化ですよね.こういったところが,難しいのですよねえ"と講師が筆者に話をふってきた.確かにそうだ.おっしゃるとおりである.おっしゃるとおりなのであるが,この件に限って言えば,少し事情が異なっていた.決して英語が流ちょうとはいえない筆者は,アメリカ人の受講生に囲まれ,気後れして何も喋れなかっただけである.

引用・参考文献

1) アップル・ワールド http://appleworld.com/apl/concierge/commonsense/category2/chapter2.html (2012. 12. 12 参照)
2) 王利彰 (1998):チェーンストアのここに学べ,第5回目 "チェーンレストランを成功に導いた QSC と標準化",外食レストラン新聞 (1998.08.17, 1998.08.21),日本食糧新聞社 http://www.sayko.co.jp/article/res-news/news5.html (2012.12.12 閲覧)
3) 一般財団法人日本情報経済社会推進協会 http://privacymark.jp/privacy_mark/guidance/index.html (2012.12.12 閲覧)
4) 公益財団法人日本適合性認定協会のウェブサイト http://www.jab.or.jp/

system/iso/statistic/iso_14001.html（2012.12.12 閲覧）
5) 一般財団法人日本情報経済社会推進協会　一部改　http://privacymark.jp/certification_info/list/clist.html　（2012.12.12 閲覧）
6) 一般財団法人日本規格協会　http://www.jsa.or.jp/shinsa/iso14000s/iso14000_06.asp（2012.12.12 閲覧）
7) WTOのウェブサイト　http://www.wto.org/english/res_e/statis_e/its2011_e/its11_toc_e.htm（2012.12.12 閲覧）
8) 中華人民共和国国家統計局　http://www.stats.gov.cn/tjsj/ndsj/2011/indexeh.htm（2012.10.21 確認）
9) 外務省のウェブサイト　http://www.mofa.go.jp/mofaj/area/（2012.12.12 閲覧）
10) 外務省のウェブサイト　http://www.mofa.go.jp/mofaj/gaiko/tpp/index.html（2012.12.12 閲覧）
11) WTO Agreement on Technical Barriers to Trade Annex 3, F http://www.wto.org/english/docs_e/legal_e/17-tbt_e.htm（2012.12.12 確認）より．
12) WTOのウェブサイト　http://www.wto.org/（2012.12.12 確認）より．
13) Rogers, M. Everett（1962）：*Diffusion of Innovations,* The Free Press［竹内暁訳（1966）：技術革新の普及過程，培風館］，グラフの縦軸に普及率，横軸に時間経過をとればS字型曲線を描いて推移することを検証した理論．
14) 柴田高（1998）：技術規格の業界標準化プロセス　ネットワーク外部性に基づくバンドワゴン効果の検証，慶應経営論集，Vo.15，No.1，pp.57-68
15) 山田英夫（2004）：デファクトスタンダードの競争戦略，白桃書房
16) Sony History　http://www.sony.co.jp/SonyInfo/CorporateInfo/History/SonyHistory/（2012.12.12 確認）
17) Video Journal online No.981（2000.1.05）
18) 米山秀隆（2003）：勝ち残るための技術標準化戦略，日刊工業新聞社
19) Cusumano Michael A., Yiorgos Millenaries, Richard S. Rosenbloom（1992）：Strategic maneuvering and mass-market dynamics: the triumph of VHS over Beta, *Business History Review,* Spring, Vol.66, No.1, p.51

3 サービス業の正体を知る

　サービス業にも標準化を積極的に導入して，業務の効率化・能率化を図るためにはどうしたらよいかを考えるには，まず"サービス業とは何なのか"，その特徴や本質を理解することが必須である．この章では，身近にあり，普段何気なく利用しているにもかかわらず，意外と知られていないサービス業の正体を確認する．

3.1　サービス業は曖昧な産業?!

　一口に"サービス業"と言っても様々な業種・形態がある．そのうえ現在では，新しいサービスが次々と生まれては消え，"サービス業"を一義的に定義することはなかなか容易ではない．そもそもサービス業とはどういう業種を言うのか，具体的に分類してイメージすると次のようになる．

　産業分類などで用いられているサービス業の定義には，農林水産業（第一次産業）でも製造業・鉱業（第二次産業）でもないそれ以外の何か，すなわち，金融や通信等も含めた第三次産業としてのサービス業をさす"広義のサービス業"がある．しかし一方で，"サービス業"というと，第三次産業の中でも，特にクリーニングや理容・美容，修理，整備，家事代行の"生活関連サービス"に限定した"狭義のサービス業"をイメージすることも多い．金融機関が"サービ

ス業"と言われても,理屈ではわかっても何となく違和感を抱く人も多い.そしてさらにややこしいことに,例えば日本では,"サービスしておく"というと"無料にしておく"と同じ意味になることが多く,"サービス"という単語は機能以外の意味をもつことが多い.これについて,以前から例えば,1994年に清水は,サービスには,"態度的サービス","精神的サービス","犠牲的サービス","機能的サービス"の意味があるとしている[1].そう言われてみれば,サービス残業はいくらやっても手当は付かないし,サービス業に従事する人もサービス残業をしており,まったくわけがわからない*.

次に,産業の分類からサービス業を捉えてみると,日本で広く使われている分類として日本標準産業分類がある.この分類は,しばしば改正が行われており[2],サービス業がいかに複雑で,変化が早いのかを物語る結果となっている.例えば,2002年の改正では,大分類に"情報通信業","飲食店・宿泊業","医療","福祉","教育","学習支援事業","複合サービス事業"が加えられ,その6年後の2008年には,"学術研究,専門・技術サービス業","生活関連サービス業","娯楽業"が追加されている.日本標準産業分類が最初に設定された1949年以降から数えると実に12回目の改定であり,サービスがいかに多様性に富み,時代とともに新しいサービスが生まれてきているのかよくわかる.

また,国際的に広く使われている有力な分類には,国連による国際標準産業分類(ISIC)[3]や,米国産業標準分類(SIC),北米産業分類体系(NAISC)等が知られている.これらはすべてを統一したほうが便利ではあるが,互いに統一を図るにしても,なかなか難しいのが現状のようである.しかも,サービス業の事業所は,外見

---

* 本書で扱う"サービス"は,"第三次産業の機能としての"サービスである.

上判断しにくく，例えば，製造業に分類されていても，アフターサービスやメンテナンスなど副次的サービスがごく普通に行われており[4]，業態を正しくつかむことさえも難しい．

このように，サービス業とは何なのか，その分類を少し考えただけでも，サービス業がいかに複雑で曖昧であることがよくわかる．

3.2 サービス業の定義・基本

サービス業を分類しようとしても，曖昧な部分が多いことがわかったが，それ以前に，そもそも肝心な"サービスとは何か"についても，なかなか曖昧で複雑である．

a) サービスの定義

公的な国際標準として最も世界中から広く認知されているISOとIECによる定義を確認すると，ISOとIECは合同で，サービスの標準を作るためのガイドであるISO/IEC Guide 76: 2008を発行している．それによれば，サービスとは"Result of at least one activity, necessarily performed at the interface between the supplier and customer, that is generally intangible（供給者と顧客との接点において必ず実施される一つ以上の活動の結果で，一般的には無形のもの（仮訳）"と定義されている[5]．これが唯一無二の正解というわけではないが，国際的に認められた標準作成の正しい手続きに則って作られた定義であり，特に偏りもなく，広く一般に言われていることが無難にまとめられているようにみえる．しかし，何だか曖昧で，わかったような，わからないような定義と感じるかも知れないが，それも無理もない．なぜなら，"サービスとは何か"については，世界中で研究が行われ，様々な理論が発表されている

にもかかわらず，少なくとも筆者が知っている限りでは，まだ決定打となる理論は存在していない．日高（2006）が指摘するとおり，サービスとは，"既存の領域のどこにも属さないが，あらゆる領域にも属している知の体系"[6]というのが，現在のところ最も的を射ているのが現実のようだ．サービスは，顧客満足や人間の認知などが複雑に絡み合っており，それらを統括した体系的な理論は，まだ研究中と考えてもよいのかも知れない．

b) サービスの特徴の基本

サービスは分類も定義も難しいとはいえ，多くの人によって指摘され，ほぼ定説となっていえる特徴もある．それは，①同時性，②無形性，③新規性，に加え，④利用者の認知のかかわりが非常に大きいこと，そして，⑤中小企業性が高いこと等である．これらの特徴は，多くの人が認める定番理論であり，我々の日常における感覚とも一致している．

まず，同時性であるが，サービスの多くは，生産と消費が同時に行われており，これは非常にわかりやすい．バスや地下鉄などによる利用者を正確に安全に運ぶというサービスは，利用者がサービスを受けると同時に，電車を運行してサービスを提供しなければならない．そして，同時性で特に重要な特性は，製品のようにあらかじめ生産して在庫しておく方法が極めてとりにくいことである．

次に無形性もわかりやすく，サービスは目にも見えずに，製品のように手に持って触って確認できない．クリーニングというサービスは，洗濯機や洗剤といった製品を使って提供されて，結果はワイシャツなどの製品で提示されるが"汚れを落とす"というサービス自体については完全に無形物である．これらが製造業と決定的に違うところである．さらに，通信や鉄道のような例外を除くと，サー

ビス業の多くは，製造業のような大規模な生産手段も必要なく，そのための設備投資やオペレーションのためコストも少なくてすむため，新しいサービスが次々と生まれやすい（新規性）．そして，生産設備が少なくて済めば，運転資本・固定費とも少なくすむため小資本でも新規参入がしやすく，これは同時に，事業者の多くが中小企業であるいう特徴（中小企業性）にもつながっている．一方，サービスの場合，同じサービスであっても，ある人にとっては"素晴らしい気遣い"であっても，他の人から見れば"余計なおせっかい"であったりするように，利用者の好みや認知の問題が大きくかかわっているのも特徴といえる．サービスは，生産と消費が同時で，使用してみないと事前に判断がつきにくいため，同じサービスであっても人によって正反対なことを感じるようなことが起きやすいのであろう．

　いずれにせよ，こういったサービスの特徴が，製造業に比べて，サービス業を極めて捉えどころのないものとしており，製品のように容易に標準化を進めて，公的な標準を作成する作業が進まない原因になっているものと思われる．

3.3 ビジネスとして見落とせない切り口

製造業に比べてサービス業は極めて曖昧である．したがって，純粋に"サービスとは何か"を考え，そこから一般性を求めるのはなかなか難しいのが現実のようである．とはいうものの，実際には既に様々なサービスに関するビジネスが展開されている．サービス業に標準化を取り入れるには，どこからアプローチしたらよいのか，いくつかの注目すべき切り口が存在している．

a) 対個人か，対事業所か

よく知られている切り口として，サービスを提供する相手を対象にした分類がある．例えば，娯楽業，洗濯・理容・浴場業などは，サービスの利用者が個人である"個人向けサービス"であるのに対して，広告業，業務用物品賃貸業などは，サービスの利用者が事業所である"事業所向けサービス"である．この分類は，B to B（business to business），B to C（business to consumer）と呼ばれ，電子商取引をはじめとした様々な場面でしばしば利用されている．これら二つにさらに，教育，医療などを"公共サービス"として加え，"個人""事業所"，"公共"と三つに分けることも少なくない[7]．一般に標準化を進めて規格を作成するときは，その規格を使う人は誰なのか，どのような人に影響が及ぶのかといった適用範囲を想定できないと内容をまとめることはできない．その意味でもこの概念は重要である．

b) 有形物（設備）への依存度

サービス自体は無形物であるが，多くのサービスは有形物である製品を介在していることは前に述べた．このような関係に着目して

3. サービス業の正体を知る

分類している切り口も古くから存在している．例えば，人材派遣，介護，福祉のように，人間の知識や職能だけで成立している部分が大きいサービス，つまり，人的資源への依存が大きいサービスもある一方で，通信・鉄道事業のように，巨大な設備などの物的資源に依存しているサービスもある．多くはその中間であり，人間の知識や職能と物的資源との両方に依存しながら一連のサービスを行っている．言い換えれば，サービスと製品とは協働しており，無形財と有形財が互いに入り組んでいるのが現実である．こうした観点に着目して，主に人的経営資源に依存するビジネスを展開する"ヒューマンリソース型"，主に物的経営資源に依存するビジネスを展開する"ハードリソース型"，そして，その中間タイプである"中間型"に分類する例もある[*]．多くの場合は中間型であるが，これについては，図3.1（次ページ）のように図示してみると明確である．サービス業を標準化しようと，サービスそのものに注目するのもよいが，実際には，そのために使うモノを標準化しても，十分サービス業の標準化に寄与する．この場合は，見かけ上は製品の標準化であるが，だからといって"サービス自体は標準化できない"というのも安易に結論を急ぎすぎである．

c) プロフェッショナルサービスか，プロセス型サービスか

サービスを考えるうえで重要な概念として"プロフェッショナルサービス"と"それ以外のサービス"という切り口も注目に値する．これは，プロセスがわかりきった単純な業務なのか，高度な専門知識を要する業務かという分類であり，言われてみれば，それ自体

---

[*] "ヒューマンリソース型"，"ハードリソース型"，"中間型"という用語は，中小企業金融公庫総合研究所（2007）を引用したが，同様の考え方はさまざまな研究に見られ，一般化しているといってよい．

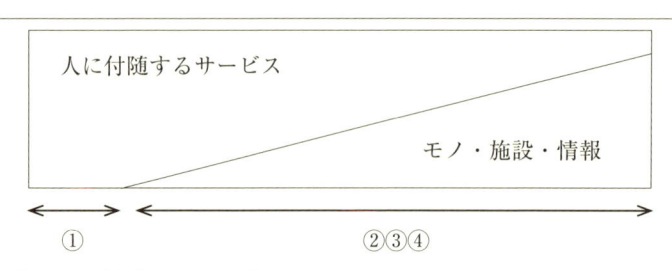

```
人に付随するサービス

                              モノ・施設・情報
```
　　←→←――――――――――→
　　①　　　　②③④

① **人に付随するサービス**
　主に人間の知識や情報，技術，労役が中心になって供され，モノの関与は少ない．肉体的労働主体の人的サービス（ポーター等の単純役務），特殊技術（美容師，植木屋），専門知識の提供を主体とするもの（医療,教員,弁護士,コンサルタント,会計士）等がある．

② **モノが供する無形価値**
　手段として，設備，空間，道具，展示物，機器などを使うサービスで，その範囲は非常に広い．モノ中心の機能サービス（ホテル，不動産，倉庫，スポーツ施設，図書館，遊技場，輸送機械を用いた輸送，運輸）や，施設を利用して人間の行為を見せるサービス（劇場,公園），使用権の提供（レンタカー，リース），その他（医療・介護）等がある．

③ **金融関連サービス**
　金が主体になって供されるサービス（銀行，保険，クレジットカード）等がある．

④ **人間が供する以外の情報**
　情報の収集（市場調査,信用調査），処理（情報処理），伝達（電話,郵便,報道），生産に専門化した情報サービス業（出版,ラジオ,テレビ）等がある．

図3.1　人に付随するサービスとモノなどに依存するサービスの全サービス量

（出所）　安部（2005）が清水（1994）を基にした説明[1), 8)]．

は広く知られている概念である．例えば，前述のKotlerらは，医師，弁護士，公認会計士，デザイナーなど，日本では概ね"先生"といわれる人が提供する高度なサービスをプロフェッショナルサービスと呼んでいる．また，今枝（2010）は，サービスの内容や結果が事前にわかっているかどうかという視点から，"プロフェッショナルサービス"と"プロセス型サービス"に分類して整理している．今枝によれば，プロフェッショナルサービスは，Kotlerの分類と同様に，高度な専門知識などを必要とする各種コンサルタントや，弁護士による法的な問題解決のサービスなどである．それらのサービスは，一般に，サービス提供者の個人の能力に依存することが多く，サービスの内容や結果については，サービス依頼時点では未確定で，利用者は，結果やプロセスをサービス提供者に委ねたり依頼したりすることが多い．一方，機械の保守や運用・リテールバンキングの窓口サービスやファストフードレストランなどは，典型的なプロセス型サービスである．これらのサービスは，提供されるサービスの内容や結果をあらかじめ定義できるサービスであり，サービスを提供する要員個人の能力に依存することが少なく，プロセスやテンプレートなどの仕組みのアウトプットとして提供される（表3.1参照）．ただし，注意しなければならないのは，同じ業種であっても，例えば，マクドナルドのようなファストフードはプロセス型サービスであり，顧客の好みや接待相手，その日の天候等の雰囲気によって様々な料理や器を使い分ける高級料亭は，プロフェッショナルサービスである．また，銀行業務であっても，コンビニのATMでも可能な簡単なリテールサービスはプロセス型サービスであるが，例えば経営再建をかけた融資のための高度な企業経営の分析などは，プロフェッショナルサービスである．同じ業種であっても互いに入り組んでいることをおさえておかないと混乱する．

表 3.1 二つのサービス類型と主な業種

プロフェッショナルサービス	プロセス型サービス
提供されるサービス内容の結果が成約時点では不確定であって、サービス提供要員にその設計の実施が委ねられるサービス	顧客が購買判断をする時点において、すべてのサービスの内容と結果があらかじめ定まっているタイプのサービス
－法律事務所 －会計監査 －各種コンサルティング －建築設計 －広告クリエイティブ －医療 －投資顧問 －高級レストラン －理容・美容	－ハンバーガーチェーン －ファミリーレストラン －コンタクトセンター －リテールバンキング －給与計算 －各種窓口業務 －各種保守・運用業務 －デイケア －葬儀

(出所) 今枝（2010）：サービスの経営学[9]

なお、前述のマクドナルドの例のように、古くから一般に"サービスの工業化"[10]といわれている現象の対象となっているのは、主としてプロセス型のサービスのことと思われる。従来の標準化活動では、しばしばプロセスの平準化や数値化を求められることが多いことを考えると、この切り口は注目に値する。これによって、今まで多くの製造業が取り組んで成功を収めてきた"分業化"、"機械化"、"システム化"等をサービス業にも応用することができる。実際、サービス業に標準化を取り入れて上手くいっているとしている事例には、プロセス型サービスだけを取り出した標準化の利用が少なくない。

3.4 サービス業と顧客満足

　サービスの良し悪しといった評価が製造業と大きく異なるのは，客観的な指標以上に，利用者の認知や感覚・主観で決まることが多いことである．そのため，サービスの品質や生産性については，顧客満足と混同されていることが多いと思われる．そうなると品質や生産性は，客観的な指標よりも，利用者の好き嫌いや主観で決まってしまうが，サービスの場合，効率化・能率化だけを考えようとしても，人間の感覚を切り離せないためにややこしい．もちろん製品であっても，最終的には利用者の好みや感覚で価値が決まるのではあるが，製品という目で見て触って確認できる"証拠"がある以上，客観的な指標でもって"品質の良し悪し"と判断しようという考え方は理解されやすい．しかし，生産と消費が同時で，製品のような"証拠"がないサービスの場合，"品質＝顧客満足"と結び付けられて議論されることが多く，これを切り分けるのは非常に難しい．サービス業に対する科学的なアプローチが難しい理由はここにあると思われる．

　サービスにおける顧客満足といえば，SERVQUAL（サーブクォル）*が有名である[11]．これは，

① 約束したサービスを確実に実行する能力（信頼性），
② 確実なサービスの提供と顧客に信頼を与える能力（確実性），
③ 設備や職員の外見（有形性），
④ 顧客に対する気遣いや配慮（共感性），
⑤ 顧客を積極的に助け，敏速なサービスを実施する意向（反応性）

---

* 　SERVQUALとは，サービス（Service）と品質（Quality）を組み合わせた造語である．

の五つの指標*によって利用者の知覚を数値化して，それによってサービスの品質とするものである．利用者の知覚を利用したサービスの品質測定尺度と言ってよい．このやり方は，既に様々なサービス業に応用されるなど，一定の評価を得ているが，業種による次元数の不安定さや，購買前の満足度と購買後の満足度（顧客の期待）などの問題があるのも事実で，改良を重ねながら利用されている．しかし，決定版とまでは言いがたい状況のようだ．

　また，消費者運動のたかまりを背景に，サービスの品質や結果を測定するものとして，しばしば"顧客満足度指数"が使われることもある．これも基本的にはSERVQUALと同じで，従来は，製品の品質を決めるのは生産者であったが，消費者の認知によるところが大きいサービスにおいては，むしろ，"消費者の要望や嗜好こそが大きなウェイトを占める"という考え方から，顧客の満足度を数値化しようとする試みである．最も有名なものは，ミシガン大学ビジネススクールが算出式を構築し，アメリカ品質学会（ASQ）が発表した産業別の顧客満足度指数（ACSI）である．基本的にアンケート方式であり，消費者にアンケートを実施し，その結果をもとにデータ処理・分析を行って顧客満足度を算出する．さらに，同様の指標は，日本においても，公益財団法人日本生産性本部に設置されたサービス産業生産性協議会が，日本版顧客満足度指標（JCSI）を開発しており，2009年度から小売りなどの様々なサービス業に対して満足度調査を実施ししている．JCSIでは，サービスの品質保証におけるアウトトプットを評価として，

　① 顧客満足，

---

*　原文では，reliability, assurance, tangibles, empathy, responsivenessとなっている．

② 顧客期待（利用前の期待・予測），
③ 知覚価値（価値への納得感），
④ 知覚品質（利用した際の品質評価），
⑤ クチコミ（他者への推奨），
⑥ ロイヤルティ（継続的な利用意向），

の六つの指数によって調査・分析を行い，その結果を公表している[12]．この結果はそれなりに十分に参考になる指標と思われるが，"そういった指標が，ほぼ正しい生産性を示している"という考えもあれば，"生産性や効率を多少犠牲にしてでも，顧客満足度を高めたほうが結果的には企業の業績がよい．すなわち生産性がよい"という意見や，"結果的に業績がよいのであれば，多少数値上の値は悪くでも，生産性や効率の犠牲ではない"という考え方もある．サービス業への標準化の導入や，これによる生産性の向上は，一筋縄ではいかない．

　サービス業の正体を知るために，駆け足で代表的な特徴をレビューしたが，レビューして改めて明らかになったことは，サービスは，身近に存在する割にはその正体は不明で，どこから手を付けるべきか，理論で攻めようとしてもなかなか手強い相手であるということである．しかし，繰り返すが，サービス業の重要性が増し，今後の成長が期待されていることはほぼ確実である．確実なのに正体不明ということは，逆に言えば，そこにはイノベーションをする余地が手つかずの状態で残っている可能性がある．現に，コンビニエンスストアのように，標準化を上手に利用して事業を拡大して，海外進出を果たしている企業も存在している．効率化・能率化・市場の創造といった，企業経営に標準化が効力を発揮する余地が，サービス業にはまだたくさん残っていることが期待できる．

●コラム4　サービスを"科学する"アプローチ●

　サービス業の重要性がますます高くなるにつれ，サービス業の生産性やイノベーション向上をめざした科学的なアプローチも試みられている．中でも最も有名なものは，IBMから発表されたサービスサイエンスであろう．2005年の発表以来，様々な研究が進められている．これは，従来，勘や経験でなされることが多かったサービスそれ自身を科学の対象として捉え，既存の関連学問を用いて研究し，サービスの生産性を高め，投資の評価を"見える化"しようとするものである．例えば，ビジネスプロセスを数学を使ったモデルにして，サービス投入の効果やリスクの将来予測性を高め，生産性を高めようとする動きなどがある[8]．

　サービスサイエンスの発表に触発されて，サービスの本質に迫ろうという様々な研究が活発になっている．そして，様々なアプローチがある[6]．例えば，顧客満足に代表されるマーケティングからのアプローチがある．これは，サービスを"商品"として捉え，それを顧客にどのように販売すれば顧客満足度が上がり，企業に利益をもたらすかを考えるアプローチである．サービスや顧客満足度指数や顧客価値分析などがこれにあたる．次に，科学的・工学的なアプローチが存在する．これは，サービス業に対して，今まで製造業で利用し成功を収めた科学的・工学的な手法を応用とするもので，サービス業の中でも製造業の手法が利用しやすい要素を取り出して，そこに，その手法を取り入れたらどうかというアプローチである[*]．サービス現場での行動観測，データの分析等によって生産性を上げようとするものである．このアプローチは，製造業の手法がそのまま利用できるため標準化の導入に親和性が高い．さらに，スマイルカーブやサービスドミナント（SDロジック）に代表されるように，ビジネスモデルの変革という観点から，経営学的にサービスにアプ

---

[*]　我が国においては，産業技術総合研究所サービス工学研究センターにおける諸研究がその代表といえる．

ローチする方法もある．iPod の事例で述べた製造業とサービス業の融合などはその代表例である．また，Bell による"脱工業化社会"のように，経済におけるサービスの重要性を解き明かすものもあり，経済活動に占める付加価値が，製品からサービスへシフトしていく現象を明らかにしている．

いずれにせよ，サービスに対する科学的なアプローチは新しく，まだ始まったばかりといってもよいかも知れない．まだ，ぱっと綺麗な模範解答がないのも当然かも知れない．となると，模範解答は，自らもがいて考えて，自らの手で見つけるしかない．最初に見つけた人が勝者となるだろう．

引用・参考文献

1) 清水滋（1994）：入門"サービス"の知識，日本実業出版社
2) 総務省のウェブサイト http://www.stat.go.jp/index/seido/sangyo/index.htm（2012.12.12 閲覧）
3) United Nations Statistics Division-Classifications Registry http://unstats.un.org/unsd/cr/registry/regct.asp（2012.12.12 閲覧）
4) 岸川善光編著（2011）：サービス・ビジネス特論，学文社
5) ISO/IEC Guide 76：2008　Development of service standards – Recommendations for addressing consumer issues
6) 日高一義（2010）：サービスサイエンスの業界地図，情報処理学会デジタルプラクティス，情報処理学会
7) 中小企業金融公庫総合研究所（2007）：中小サービス産業の動向とその成長戦略，中小公庫レポート No. 2006-9
8) 安部忠彦（2005）：サービスサイエンスとは何か，調査レポート No. 246, 富士通総研経済研究所
9) 今枝昌宏（2010）：サービスの経営学，東洋経済新報社
10) Levitt, Theodore (1976): The Industrialization of Service, *Harvard Business Review*, No.545, pp.63-74

11) Parasuraman A., Zeithamal V. A. and Berry L. L.(1998):SERVQUAL: A Multiple- Item Scale for Measuring Consumer Perceptions of Service Quality, *Journal of Retailing*, Vol.64, No.1, pp.12-40
12) サービス産業生産性協議会のウェブサイト（2011年版） http://www.service-js.jp/cms/news_attach/20120314_jcsi_news.pdf （2012.12.12 確認）

4 標準化の正体を知る

前章では"サービスとは何か"をレビューしたが,サービス業における標準化の有効利用を考えるためには,もう片方の"標準化"についても,その特徴や本質を理解することが必要である.実際,一口に"標準化"と言っても,実に様々な要素が複雑に絡み合っており,簡単に説明することはなかなか難しい.また,多くの人から様々な説明がなされているにもかかわらず,見落とされている標準化の真の姿もある.そのうえ,標準化の役割も,国際化や情報化,サービス経済化の進展とともに少しずつ変化している.この章では,そのような標準化の正体を確認する.

4.1 標準化は不思議なツール

"標準化とは何か"については様々な説明が存在するが,考えれば考えるほど不思議なツールである.標準化が,品質の改善や企業経営に一定の効果があることは,昔から誰もが認めるところであるにもかかわらず,"では,その効果がどれくらいなのか"を客観的に示そうとすれば,多くの場合,正確に数値化することは非常に難しい.しかし,近年多くの人に認識されつつあることは,標準化を無視すれば思わぬところで足をすくわれるし,逆に味方につけると,品質や業務効率が上がるだけでなく,市場を獲得したりするな

ど，強力な経営ツールになったりすることである．そして，難しいとはいえ，いくつかの法則性は見いだされているのであるから，それらを上手に利用しない手はない．

標準化の役割として知られている最も基本的なことは，概ね，互換性や両立性といったインターフェースの確保，品質の確保，性能・安全性などの使用目的の適合，多様性の調整，情報提供相互理解の促進といった役割である．詳しくは，他書[1]等に譲るが，例えば，長さの単位（m）や，重さの単位（kg）等の単位があるから，互いに共通の物理量を理解することができ，部品等の性能・寸法等を決めることができる．それによって，例えば，部品等を調達する際にその都度チェックする必要もなくなり，互換性を確認する作業の重複も減って作業効率が上がる．さらに，互換性が確保されれば，製品の種類・性能等の単純化が可能となり，生産活動における量産化・価格低減につながる．また，製品を購入する場合にも，一定の基準が満たされていれば検査等は必要なくなり，取引にかかるコストも低減される．

一口に"標準"，"規格"と言っても，様々な階層がある．英語で言えば"standard"であっても，日本語には"標準"と"規格"という言葉があり，両者は必ずしも厳密に使い分けられているわけではない*．ISOのように全世界共通の規格もあれば，JISのように日本国内の規格もあるし，特定の業界だけで利用される業界標準（フォーラム規格，コンソーシアム規格）や，社内だけで利用される社内規格もあるなど，使われる範囲に着目した分類は多くの人に

---

* 本書では，原則として，法規やガイドライン，業界での相場観等も含めた広い意味での基準等を"標準"，具体的に規格として文書が発行されている標準を"規格"としている．

4. 標準化の正体を知る

指摘されている．さらに，規定されている内容に着目した分類もあり，純粋に長さや重さを規定した度量衡のような基礎的な規格もあれば，用語の規格，製品の性能を規定した規格，試験方法の規格，さらには，マネジメントシステムの規格や，組織の社会的責任（SR）の規格もある．その一方で，規格の作成手順や成立後の市場での影響力によって分類する方法もある．公的な機関による公正なプロセスによって制定される規格をデジュール規格，市場の取引の結果勝ち残って事実上の標準となったデファクト規格，同業者の集まりが仲間内のために作成したコンソーシアム規格・フォーラム規格といった分類がある．とりわけ，エレクトロニクス分野では，"デファクト規格（デファクトスタンダード）"という言葉はすっかり有名になった．

このように"標準化"，"規格"といっても様々な役割・種類などがあり，とても一言で表現できない．にもかかわらず"これこそが標準化の効果"のような主張もしばしば見受けられる．そして，特定の事例をもって"標準化とは〇〇である"のような説明がなされ

ていることも多いような印象を受ける．しかし，それらを一つ一つ丹念に紐解くと，条件を限定した範囲内で，特定の規格に焦点を当てたものが非常に多い．確かに限定された範囲であれば単純化することは可能であろうが，実際に規格が利用されている現場では，政策立案にせよ経営戦略にせよ，標準化という要因が単独で作用していることはほとんどない．どれも，他との合わせ技で複合的に効いてくるものばかりである．しかも，即座に目に見えて影響することも少なく，多くの場合，ボディブローのようにジワッと効いてくる．このことは，当たり前過ぎてわざわざ述べられていないだけなのか，改めて明言している研究は少ないように思われる．だいたい，そんなに単純化されたノウハウが存在するなら，とっくに利用されているはずである．

いずれにせよ，標準（規格）には様々な種類があり，様々な効用があり，それらが複雑に絡み合っている．標準化の効果は，簡単に一般化・単純化できるものではない．標準化をビジネスで上手に活用するには，まず，このことをしっかりおさえておかなくてはならない．

4.2　標準化は市場を創造する

標準化の基本的な特徴を理解しても，ビジネスにおいて標準化を活用するには，標準化が"市場を創造する"役割を持っていることもおさえておく必要がある．

一般に"標準"というと"社会基盤"，"産業基盤"のイメージが強いが，これは"市場の創造"と裏腹の関係にある．つまり標準化を進めることによって新たな市場が作られることを意味している．例えば，計量の基本単位である"m""kg"等，長さや重さなどを

4. 標準化の正体を知る

規定する基本単位の標準（度量衡の規格・基準）は，典型的な社会基盤・産業基盤であるが，そういった統一した基準がなければ取引自体が成立しない．また，例えばボルトとナットのねじ山の大きさや形状を考えた場合，統一した規格がないと，取引をするにしても極めて効率が悪いことは容易に想像がつく．さらに，電波の周波数や通信方法などに関する標準化の場合，それらを事前に決めておかない限り，放送や通信というサービス自体を成立させることができない．そもそも，新しい技術やサービスが普及するには，その技術や方法が利用者や関係他社にも理解できる程度に特定されなくてはならず，そうしなければ市場そのものが形成されない．標準化によって，製品やサービスに関する信頼性のある情報が提供されることによって，取引にかかるコストは低減され，マーケットアクセスが向上し，結果として新しい技術が普及する．そして，同じ規格を使う人が増えれば増えるほど，その規格を使っている人の便益も増える．これによって経済的な効率が改善され，貿易や取引が円滑になる．つまり，標準化を進めることによって市場が形成される．

これらに加え，最近特に注目されるようになった標準化の役割に，今日的な社会問題の解決に向けたツールとしての役割がある．そしてこれも，"問題を解決する"という新たな市場の創造と裏腹の関係にある．つまり，今日的な問題への取り組みは，ビジネスチャンスでもある．例えば，現在では，消費者保護，高齢者・障がい者に対する配慮，適切なリスクの管理といった問題が注目されているが，それらに関する規格があれば，解決するための目標や評価指標が明確になり，標準化された要求事項を満たすことによる新たなビジネスが生まれる．同様に，エネルギーマネジメント，リサイクル，有害物質の管理などの規格も作成されているが，それらの問題を解決するためのビジネスも拡大中である．さらに現在では，企業や組織

の社会的責任(SR)の規格まで作成されている[2].

こうなると，標準化がいよいよ社会的な責任・倫理の基準にまで昇華したかのように見えるが，別の見方をすれば，"安全基準や社会的責任・倫理とは何か，それを守るとはどういうことなのか"が明確に示されれば，消費者は安心してその会社から製品やサービスを購入できることになり，そうなれば，標準化は結果的に差別化のためのビジネスツールとして機能することになる．

4.3 標準化は経営戦略ツール

標準化が"市場を創造するツール"であるのと同時に，1980年代以降に急速に注目され始めた標準化の役割に"競争戦略のツール"としての役割がある．これは，標準化が"市場を創造する"のであれば，もっと進んで"標準化を使って自らの市場を獲得したらどうか"という発想である．実際，標準化は関係する企業にとっては生死をかけた一大事である．というのも，せっかく技術やノウハウを開発しても，それらが普及して市場が確立しなければ使うところがなく台なしになってしまう．そのためには，開発した技術やノウハウが，利用者や関係他社にも理解できる程度に特定されなくてはならないが，それには標準化の利用が非常に有効であることは前に述べたとおりである．標準化は経営戦略ツールとしても極めて有用と言える．

a) モノを売るための標準化

標準化が"競争戦略のツール"として，標準化と企業戦略の関係が大きく注目されたきっかけとなったのは，ソニー対松下電器の家庭用VTRの標準化競争，いわゆる"ベータ vs. VHS方式"の標

準化競争である（コラム2参照）．この事例では，技術的にほとんど同等であっても，標準化競争を制した企業が市場を制し，その上，一度敗北が決定するとほとんど反撃できない標準化競争の恐ろしさを広く世間に見せつけることとなった．しかも，この事例で効力を発揮した標準は，ISOやJISのように公的な標準化機関が，正しい手続きに則って作る規格ではなく，市場競争の結果，後で考えると"やはり勝負の要は標準化だった"という規格である[3]．そうなると，社会基盤としての標準が導き出す公共的な社会全体の利益もさることながら，標準化は完全に企業に利益をもたらす経営戦略のツールとなる．自らの技術を基盤とした，自らに有利な規格をいち早く市場に定着させれば，より有利に市場競争を戦うことができる．

なお，"ベータ vs. VHS方式"の標準化競争のインパクトは非常に大きく[4]，標準化競争ならではのメカニズムが，広く一般に注目されることになった．そのメカニズムとは，大きく分けて二つ，"ロックイン"と"ネットワーク外部性"である．（コラム5, 6参照）．

そして，標準化の威力が広く知られると，各社とも，標準化を使って2匹目のドジョウを狙おうと，1990年代には，メモリーカー

ドや光ディスク等の記録メディアや,携帯電話の通話方式,家庭用ゲーム機等において激しい標準化競争が行われた.この結果,例えば,家電量販店には,CD-R・CD-RW・DVD-ROMと,似たり寄ったりの実に様々な種類の光ディスクが並ぶこととなった.

"ベータ vs. VHS 方式"のような,製品の販売だけに主眼を置いた標準化戦略*は,そう長くは続かなかった.なぜなら,当初もっぱら製品を売ることを考えていたのにもかかわらず,製品の販売だけでは利益が出なくなったからである.前述したとおり,1990 年代になると,情報通信技術の普及によるデジタル化,そしてデジタル化に後押しされたモジュール化が急速に進み,新興国の世界市場への進出が本格化した.そのため,標準化競争に勝利しても,新興国からの安い製品に押されて,製品の製造販売だけでは利益を生みにくくなっていた.従来の製造業は,概して安くて良いものを作ることに主眼がおかれたが,こうなると,次第に"製品もサービスも一体化して,いかに付加価値を付けるか"が問われることになってきた.

b) 総合戦略の中での標準化

2000 年代に入ると,標準化戦略は,次第に"差別化","知的財産","ブラックボックス"等の他の経営戦略と結び付けて,"総合的な戦略の中で,どのように標準化を利用するか"という視点から考えられるようになった[5].つまり,製品の製造,いや場合によっては,製品を製造しなくても,販売やその後のサービスも含めた"トータ

---

* 結果として特許収入なども入ってきたものの,筆者が関係者に聞く限りでは,標準化競争の初期段階からそれを想定していたケースはあまり多くなかったようである.

ルソリューションの提供"という戦略である．したがって標準化の役割についても"トータルソリューション"を生み出すための"システム"や"プラットフォーム"を構築するためのインターフェースとしての役割が注目され始めた．システムやプラットフォームの整備によって，新たな市場を創造することができる．こうした市場の"仕組み"を自らの手中に収めるためには，市場をコントロールするためのツールとして標準化の役割が重要である．

　特に電気・電子・情報系に顕著であるが，製品を単体で売り切っても利益を出さなくなってきたうえに，あらゆるものが巨大なネットワークにつながると，製品といえども巨大なシステムの一部になってしまう．そうなると，自社独自の技術力もさることながら，他社の技術やサービスも持ち寄って，全体としてどのような付加価値を付けるかが勝負となる．するとプラットフォーム自体はなるべくオープンにする一方で，それに付随するサービスも含めて，全体で付加価値を創造する仕組みの中でどのようなポジションをとるかが重要になってくる．いわゆる，オープンイノベーションである．Chesbrough（2011）が指摘するように，内外部の知識を統合するインテグレーターになることであり，内部で差別化が可能な分野を作ってから，広範囲な外部の知識から得られる成果で周りを固めたのである[6]．要するに"いいとこどり"である．自社内外の技術を上手に組み合わせることによって，リスクを分散しつつ開発を早め，短期間で大きな利益をねらうのだ．そのようなビジネスにおいて，自らの標準をプラットフォームとして市場をコントロールする経営と，他者のプラットフォームにのって部品やサービスのサプライヤーになる経営では，どちらが有利か．高度な経営判断が意識されていたのか，結果としてそうなったのか諸説あるが，アメリカで近年成功した新興の企業，例えば，アップル，マイクロソフト，グー

グル,アマゾン等のビジネスは,基本的にサービス業を主体としながら,利益の源泉はビジネスのプラットフォーム,仕掛けづくりである.パソコンなど他社の技術を組み込んだうえでシステムを作って,そのうえサービスを展開して利益を生み出している.

いずれにせよ,現在の標準化戦略は,このような大所高所から全体を見つめた,高度な経営戦略と直結するまでになっていると言ってもよい.

経営ツールとしての標準化の役割を駆け足で振り返ってみると,ビジネス環境の変化とともに,経営戦略としての標準化の役割に大きく変化していったことがわかる.当初の標準化戦略と言えば,せいぜい,製品の販売だけが対象であった.しかし,時代の変化とともに,サービスも一体化した高度な経営戦略のツールとしてまで考えられるようになった.そして,その中において,サービスが占める割合は日に日に高くなっている.

4.4 仕組みやプロセスが標準化されてゆく

今日では,ISO 9000 シリーズや ISO 14000 シリーズに代表されるような,マネジメントシステムに関する標準化が,ますますその存在感を増している.直接的な製品の標準化ではなく,管理体制や責任体制の標準化である.

標準化にほとんど興味のない人であっても,ISO 9001 や 14001 という言葉くらいは聞いたことがあるだろう.今では ISO というと,マネジメントシステムばかりが有名になって,製品規格の説明をすると逆に驚かれてしまうほどにまで普及したが,ISO は,もともと専ら製造業に関する標準化を行ってきた機関である.にもかかわ

らず，マネジメントシステムの規格が，ここまで様々な分野において広まった背景には，認証ビジネスのうま味を占めた一部の勢力の戦略を差し引いたとしても，経済におけるサービス業の占める重要性が，以前には考えられないほど大きくなってきたことと無関係とは思えない．というのも，マネジメントシステムの規格の登場によって，公的な国際規格によって"定められた行動を提供できる環境が整っている"こと，すなわち，組織の責任体制や管理能力について，取引先や消費者に客観的に説明することが一般に広がったのであるが，こういった考え方は，製造業はもちろん，結果が目に見えにくいサービス業に置いてこそ，その力を発揮するからである．製造業であれば，その製品の品質が良いかどうか確かめたければ，実際に現物を手にしていじってみればわかることである．しかし，目に見えず，生産と消費が同時に行われるサービス業ではそのようなことはできない．また，多種多様なサービスがあり，現時点でそれらのサービスのプロセスや品質を一元的に規格としてまとめることは非常に難しい．そして，現実にサービスのプロセスそのものを規定した規格はまだあまり多くない．しかし，マネジメントシステムの規格であれば，中心となる考え方は，あくまでも"組織が方針及び目標を定め，その目標を達成するためのシステムが機能するかどうか"であり，それを実現するための手段は個々の組織が実体にあわせて考えればよい．そのため，基本的にはどんな業種であっても適用できる．マネジメントシステムがきちんとしていれば，"そこから生み出されるサービスもきちんとしているはずである．"という間接的な証明にどうもしっくりこない人もいることは事実であるが，現時点においては，サービス業に対して，いかに標準化を利用すべきかを示した，最も現実的な方向性の一つであると言えるのではないだろうか．

なお,現在では,世界中で進展するエネルギー問題,環境問題への関心の高まりを背景に,情報処理,セキュリティ,医療,食品衛生,エネルギー,交通,さらには,ビジネス継続マネジメント,リ

表 4.1　主要なマネジメントシステムに関する規格

ISO 9001	品質マネジメントシステム－要求事項
ISO 10002	品質マネジメント－顧客満足－組織における苦情処理の指針
ISO 14001	環境マネジメントシステム－要求事項及び利用の手引
ISO 22000	食品安全マネジメントシステム－フードチェーンのあらゆる組織に対する要求事項
ISO 22301	事業継続マネジメントシステム
ISO 22005	飼料及びフードチェーンにおけるトレーサビリティ－システムの設計及び実施のための一般原則及び基本要求事項
ISO 20121	持続可能なイベント運営のためのマネジメントシステム
ISO 28000	サプライチェーンのセキュリティマネジメントシステムの仕様
ISO 29990	非公式教育・訓練における学習サービス－サービス事業者向け基本的要求事項
ISO 31000	リスクマネジメント―原則及び指針
ISO 39001	道路交通安全マネジメントシステム
ISO 50001	エネルギーマネジメントシステム－要求事項及び利用の手引
ISO/IEC 20001	情報技術－サービスマネジメント－第1部：サービスマネジメントシステム要求事項
ISO/IEC 27001	情報技術－セキュリティ技術－情報セキュリティマネジメントシステム－要求事項
IEC 62278	鉄道分野－信頼性,アベイラビリティ,保全性,安全性(RAMS)の仕様と実証
OHSAS 18001	労働安全マネジメントシステム－仕様（欧州の規格）
TAPA	貨物輸送保管セキュリティ（アメリカの団体規格）
BS PAS 99: 2006	統合のための枠組みとしての共通マネジメントシステム要求事項の仕様
ISO/DGuide 83	マネジメントシステムに共通する上位構造,要求事項,コアとなる用語と定義（ISOガイドの原案）

（出所）ISO online[7]等から筆者が整理.

スクマネジメント，上下水道のマネジメントと次々と新しい規格が開発されている（表4.1参照）．標準化の対象が，製品そのものから，サービスと言われる領域に広がっている証なのではないかと筆者は考えている．

コラム5　バンドワゴン効果とネットワークの外部性

　標準化に関する代表的なメカニズムして，バンドワゴン効果とネットワークの外部性が知られている．バンドワゴン効果とは，もともとは，Liebenstein（1950）によって唱えられた消費の効用に関する概念であり，同じ財を消費する人が多ければ多いほど，自分がその財を消費することの効用が高まるという効果である[8]．これは，ある特定の標準のユーザー数の増加に伴って効用が高まることにより，ますますユーザーが増え，その結果ユーザーにとって便益が増すので，さらにユーザーが増えるといったポジティブフィードバックによる好循環を繰り返す現象のことである．例えば，ゲーム機のように，より多くの消費者がハードウエアを購入すればするほど，それに適合したソフトを作る企業はソフトウエアを制作しやすくなり，ハードウエアの購入者は，ソフトウエア制作会社が反応すればするほど，より多くのソフトウエアが利用できるようになる．多くのソフトウエアが利用できるようになれば，ますますハードウエアの購入者の便益が上がる．

　この効果は，情報・通信分野・家電などで特に顕著であり，様々な実証研究が行われてきたが，Rohlfs（2003）は，ファクシミリ，ビデオカセットレコーダー，コンパクトディスク，テレビの受像方式をはじめ，DVDやコンピュータのソフトウエアなど，通信・家電についても，同様の効果が有効に作用していることを指摘している[9]．

　一方，ネットワークの外部性とは，バンドワゴンに類似した概

念で,例えば,電話やFAXのように,同種類の製品との接続やフォーマット変換を通して特定の機能を完結する(通話をする)製品やサービスでは,互換性のある技術を採用した製品の利用者の集合であるネットワークを通して,バンドワゴン効果が強化されるといった考え方である.要するに,電話などにおいては,同じネットワーク上に利用者が増えれば増えるほど,利用者の便益が増し,その結果として,ますます利用者が増える現象である.

さらに,KatzとShapiro(1992)は,ネットワークの外部性のロジックから,たとえ技術に優位性があり,価格的に優位な標準であっても,必ずしもデファクトスタンダードにはならないことも示している[10].

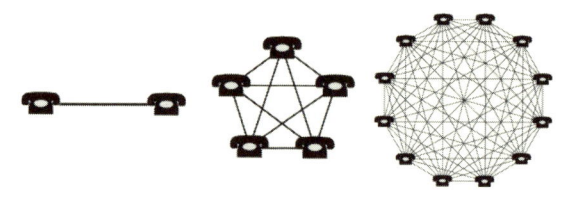

ネットワークの外部性のイメージ[11]

優れた技術が,そして優れた標準が市場競争に勝つとは限らない理由はここにある.標準化競争においては,技術と同じかそれ以上に,多数派工作が重要なのである.

●コラム6　キーボードの配列は，なぜ QWERTY なのか●

　標準が大きく関係する市場競争においては，技術的な優位性が不十分であっても，一度ある標準が広く普及するとデファクトスタンダードとして定着し，それを覆すことが容易でないことが知られている．David（1985）は，このような現象を"ロックイン"として，タイプライターのキーボードの文字配列の例を用いて説明した[12]．

　現在，我々が，PC などで用いているキーボードは，そのキーの配列から"QWERTY 配列"と呼ばれている．今でこそ，キーボードの配列は，左上から QWERTY の順番で並ぶ配列で定着しているが，David によれば，QWERTY 配列は，19 世紀後半にタイプライターの発明家の一人が作り出した配列に過ぎなかった．当時のタイプライターは，キーを素早くたたくと，キーの動きを印字に伝える金属棒が絡まってしまうため，何とかそれを防ぐために考えられた結果，キーをたたく速度が遅くなるような現在の"QWERTY 配列"が考え出されたとのことである．現在では，キーは電子的に入力されるので，金属棒に対する考慮など必要はなく，配列自体が不合理である．しかし，一度多くのユーザーによって受け入れられると，それがたとえ不合理であっても，覆すことは容易でない．既に多くのユーザーが先に普及した配列に慣れてしまっており，結局"QWERTY 配列"が標準として維持されることになったのである．

足成（フリーフォト）

> 　理屈としてはおもしろいが，この話を始めて聞いたとき，筆者は愕然とした．改めて調べてみると，本当はもっと合理的な配列があって，もっと腕の負担が少なくて，もっと早く打てるキーボードの配列があったようなのだ．何たる不幸．そういえば，先の東日本大震災のとき，周波数の問題で西日本から東日本に電力を供給できないといった問題が発生したが，これも，西日本で 60Hz，東日本で 50Hz とロックインしてしまった結果である．ヨーロッパ(大陸)やアメリカで車を運転するとき，日本と違って右側通行だから，慣れないもので何とも怖い思いをするが，これもロックイン．もしかしたら，朝・昼・晩と 3 回食事をしなければならない習慣も，人間のお腹のロックイン（笑）

引用・参考文献

1) 和泉章（2009）：標準（スタンダード）の全て，財団法人経済産業調査会等に詳しい．
2) ISO 26000：2010　Social Responsibility
3) 渡部俊也編（2011）：ビジネスモデルイノベーション．白桃書房
4) 山田英夫氏の一連の研究などが有名である．山田英夫（1993）：競争優位の［規格］戦略，ダイヤモンド社．山田英夫(1999)：デファクトスタンダードの経営戦略，中央公論新社
5) 例えば，次のような研究がある．標準化経済性研究会（2006）：国際競争とグローバル・スタンダード―事例にみる標準化ビジネスモデルとは，経済産業省標準化経済性研究会編，日本規格協会／小川紘一（2009）：国際標準化と事業戦略―日本型イノベーションとしての標準化ビジネスモデル，白桃書房
6) Chesbrough, Henry（2011）：*Open service innovation; Rethinking your Business to Grow and cooperate in New Era*, Open services innovation, ［博報堂大学ヒューマンセンター・オープンイノベーションラボ監修・完訳（2012）：オープン・システムイ・ノベーション　生活者視点から，成長

と競争力のあるビジネスを創造する,阪急コミュニケーションズ]
7) ISO online http://www.iso.org/iso/home.html(2012.12.12 閲覧)
8) Liebenstein, H (1950):Bandwagon, Snob, and Veblen Effects in the Theory of Consumers' Demand, *The Quarterly Journal of Economics*, Vol. 64, No. 2, pp. 183-207
9) Rohlfs, Jeffrey H. (2003):*Bandwagon Effects in High-Technology Industries*, MIT Press [佐々木勉訳(2005):バンドワゴンに乗る:ハイテク産業成功の理論,NTT 出版]
10) Katz, Michael L., Carl Shapiro (1992):Product Introduction with Network Externalities, *The Journal of Industrial Economics*, Vol. 40, No.1, pp. 55-83
11) wikipedia 内で著作権が放棄された画像(2012.12.12 閲覧)を利用.
12) David, Paul A (1985):Clio and Economics of QWERTY, *The American Economic Review*, Vol. 75, No. 2, pp.332-337

5 進むサービス業の標準化

　製造業に比べると，サービス業の標準化に関する議論はあまり活発ではないが，国際標準化機構（ISO）やヨーロッパの標準化機関等では，既にサービスの標準化に関する様々な研究が着々と進んでいる．そして，実際にいくつもの規格が制定され，それが実際のビジネス等に使われ始めている．また，日本でも業界団体によって様々な基準が設けられ，それをもとにした認証制度が存在している．この章では，世界中で進むサービス業に関する様々な標準化活動とともに，既に発行されている代表的な規格を紹介する．

5.1 ISOで進むサービス業の標準化

5.1.1 サービス業の標準化の胎動

　ISOにおける国際標準化活動といえば，基本的には製造業が中心で，サービス業に関していえば，発行された規格の数もあまり多くない．しかし，既にいくつもの規格が開発され，中には非常にユニークな規格もある．また，注目が集まる規格の多くも，サービスに関連する部分が大きくなっている．

　確かに，サービス業に関する標準化活動は歴史も短く，活動が開始されたのも新しい．公式なイベントでサービス業が取り上げられたのは20世紀の終わり頃からである．例えば，1996年にシンガ

ポールで開催されたISOのセミナー等で，銀行業，保険等の金融サービスに加え，観光やホテル等の旅行業，引越し，葬儀，スキューバダイビング，公共交通機関，ゴミ収集等の標準化のニーズや方向性などが検討され始め出した．その後，先進国のビジネス環境の変化に呼応するかのように，ISOは世界各地で様々なセミナーを開催し，そこで行われた議論をもとにサービス業に関する専門委員会（TC）を設立している[1]（表5.1参照）．

ISO規格は，製造業を中心に18 000件近く発行されていることを考えると，サービス業に関する規格の数は，まだまだ非常に少ない．しかし，いくつもの注目の規格が作成されており，今後，サービス業に影響を及ぼす可能性が大きいのではないかと思われる．とりわけ，ISO 21500（プロジェクトマネジメント）やISO 22301（事業継続マネジメントシステム）を始め，ISO 50001（エネルギーマネジメントシステム）等は，いろいろな産業分野から注目されている．これらの規格は，必ずしもサービス業に特化したものでもないが，逆に製造業に特化しているわけでもなく，製造業で使う場合であっても付随するサービスの部分に大きな影響を与えると思われる．

また，サービス業に関連の深い標準化活動に関して，例えば，上下水道サービス（ISO/TC 224）やプロジェクトマネジメント（ISO/TC 236及びTC 258），公共サービスの料金収集（ISO/TC 239），道路交通安全マネジメント（ISO/TC 241），エネルギーマネジメント（ISO/TC 242）といった専門委員会が設立されているように，インフラストラクチャーや公共サービスに関する標準化作業が進められている．インフラストラクチャーといえば，一般的には，道路や鉄道などの箱物が大きいため，ついついそういった建造物や製品ばかりに目が奪われがちであるが，実際には，製品を単品として生産して売り切るビジネスとはほど遠い．調査研究から始まり，計画

表5.1　サービス業に関連の深い ISO の専門委員会（TC）

委員会	設立	名　　称	幹事国
TC 68	1948	金融サービス	アメリカ
TC 204	1992	道路交通情報システム	アメリカ
TC 215	1998	保健医療情報	アメリカ
TC 222	2000	金融プランニングサービス	ドイツ
TC 223	2001	社会セキュリティ	スウェーデン
TC 224	2001	上下水道サービス	フランス
TC 225	2002	市場調査	スイス
TC 228	2005	観光及び関連サービス	スペイン／チュニジア
TC 230	2006	心理分析サービス	ドイツ
TC 231	2007	ブランド価値評価	ドイツ
TC 232	2007	人材育成と非公式教育サービス	ドイツ
TC 235	2007	格付けサービス	ドイツ
TC 236	2007	プロジェクトマネジメント	アメリカ
TC 239	2008	公共サービスの料金収集	イスラエル
TC 240	2008	製品のリコール	マレーシア
TC 241	2008	道路交通安全マネジメント	スウェーデン
TC 242	2008	エネルギーマネジメント	アメリカ／ブラジル
TC 243	2008	消費生活用品安全	カナダ
TC 245	2008	中古品の越境貿易	中国
TC 246	2008	偽造防止ツール	フランス
TC 247	2009	不正防止対策及び管理	アメリカ
TC 250	2010	イベントマネジメントの持続性	イギリス／ブラジル
TC 251	2010	アセットマネジメント	イギリス
TC 257	2010	プロジェクト，組織及び地域における省エネルギーのためのルール	中国
TC 258	2011	プロジェクト，プログラム，ポートフォリオマネジメント	アメリカ
TC 259	2011	アウトソーシング	オランダ
TC 260	2011	ヒューマンリソースマネジメント	アメリカ
TC 262	2011	リスクマネジメント	イギリス
TC 267	2011	ファシリティマネジメント	イギリス
TC 268	2012	持続可能な開発	フランス
TC 271	2011	コンプライアンス	オーストラリア
TC 272	2012	法医学	オーストラリア
TC 273	2012	カスタマー・コンタクト・センター	南アフリカ

備考　上表には Project Committee を含む．
（出所）　ISO online　http://www.iso.org　（2012.12.12 閲覧）から．

段階での需要予測やファイナンスなどに加え，人員の訓練，料金の徴収，設備の保守管理，組織のマネジメント等，インフラを使い続ける限り発生するサービス業の割合が非常に大きく，また重要でもある[2]．そもそもインフラストラクチャーとは，公共"サービス"のためのものであるから，これは当然のことかも知れない．

5.1.2 実生活に入り込む ISO 規格

サービス業に関する ISO 規格は，既に，私たちの日常生活の中にも入り込んでいる．

ISO から発行又は検討中の規格にはどのような規格があるのか，図 5.1 は ISO 中央事務局が，代表的な規格を漫画風にまとめたものである．

IT を使ったサービスのマネジメント（ISO/IEC 20000），観光関連サービス（ISO 18513），教育・研修サービス（ISO 29990）だけでなく，公共サービスの料金の請求（ISO 14452），個人向け資産運用（ISO 22222），格付け・評価（ISO/TS 10674）といった規格まで発行されている．さらに，顧客満足の規格として行動規範（ISO 10001），紛争解決（ISO 10002），苦情処理（ISO 10003）等という規格も存在する．そう言われてみれば，ウェブサイトを閲覧していると，前述のプライバシーマークと同様に，"(情報セキュリティ管理システムの国際規格である) ISO/IEC 27001：2005 認証を取得しています."といった認証機関の認証マーク見かけることがある．後述するとおり，既にさまざまな規格を利用したサービスに関する認証が実施されている．サービス業に関する国際規格は，意外にも我々の日常生活の中に入り込んでいる．

以下，それら代表的な規格について概要を紹介する．

a) 市場調査・世論調査の標準化

ISO 20252：2006　Market, opinion and social research – Vocabulary and service requirements

　市場調査や世論調査は今や国際的な産業となっており，2010年に企業や政府が市場調査や世論調査に費やす費用は莫大な金額に達している[4]．企業活動が国際的になれば，市場調査もまた国境をまたぐものとなり，調査を行う組織の信頼性も国際的な基準が必要となる．こうした背景の中，国際規格として2006年にISO 20252が発行されている．この規格は用語の定義，組織と責任，調査の信用性，書面化要求，コンピテンスと研修，外注，品質マネジメントの効果の確認……という構成となっており，サービスのプロセスを一つ一つ規定している．基本的には調査プロセスを規定した規格ではある．そして，この規格を利用した認証が，既に日本でも実施されている．

b) モバイルバンキングの標準化＊

ISO 12812-1〜6　Mobile Financial Services – **Part 1**：General framework, **Part 2**：Security and data protection for mobile financial services, **Part 3**：Financial application management, **Part 4**：Mobile Person-to-Person Payments, **Part 5**：Mobile Person-to-Business Payments, **Part 6**：General Mobile Banking operations

　"携帯電話が一人1台は当たり前"というように，これほどまでに携帯電話が広く一般に普及し始めてからわずか10〜15年程度しか経っていないにもかかわらず，現在では，多くの人がスマートフォ

＊　本稿執筆時点では，標準原案を開発中である（2012.12）．

図 5.1　日常生活における

5. 進むサービス業の標準化　　　　99

サービスと ISO 規格の例

（出所）　ISO Focus（2012）[3] を仮訳.

ンを使って，ネットワーク上で多彩なサービスを利用している．生活が便利になるのはよいが，その裏には，データの互換性やセキュリティなどの問題も存在する．とりわけ銀行のように，信頼が何よりも重要な産業の場合，サービスの利用者と提供者との間で混乱は許されない．そして，利用者が混乱せずに利用できる仕組みが確立されていなければ，業務の効率は著しく低下する．また，ネットワーク上のサービスである以上，例えば，振り込みなどにしても，様々な金融機関などをまたがったサービスを展開するには，ある程度一般化された共通ルール，すなわち標準がないと，せっかくのモバイルの機動性も台なしである．このような社会の急速な変化に伴い，ISOにおいても，携帯電話から"残高・明細照会"や"振り込み"などのサービスを提供するモバイルバンキングに関する規格が検討されている．

c) 金融サービスのメッセージスキームの標準化

> **ISO 20022-1〜8** Financial services – Universal Financial Industry message scheme – **Part 1**：Metamodel, **Part 2**：UML profile, **Part 3**：Modellings, **Part 4**：ISO 20022 XML design rules, **Part 5**：ISO 20022 Reverse engineering, **Part 6**：Message Transport Characteristics, **Part 7**：Registration, **Part 8**：ASN.1 generation（原案作成中のものあり，2012.12）

前述のモバイルバンキングもその一部であるが，金融サービスについては，経済がグローバル化するにつれ，国境を越えた取引が急速に広がっていく．今では世界中の金融機関がネットワークでつながっており，銀行間のやり取りや手続きなどは高度に発達した情報通信技術を駆使して処理されている．情報通信技術の進歩は日進月歩であり，データの処理方法などが標準化されていなければ，銀行

間をまたいだサービスは限定的なものとなり,高度なサービスは望めない.そのようなニーズに対応するための標準がISO 20022シリーズの規格である.これらの規格は,XMLを使った金融サービスの電子的なメッセージを開発するためのプラットフォームであり,厳密に言えばソフトウエアの仕様の規格ではあるが,これによって金融というサービスがサポートされる.サービス業のための標準化といってもよい.

d) 公共サービスの料金請求の標準化

ISO 14452:2012　Network services billing – Requirements

この規格は,主に,電気,電話,上下水道など,いわゆる公共サービスの請求に関する要求事項を規定した規格である.もともとは,消費者保護の観点から開発されていたものであったが,国境を越えた人の行き来が盛んになり,人々が当たり前のように外国に居住することになれば,公共サービスのような生活の基本的な部分においても,さまざまな誤解が生じることは容易に想像できる.特に公共サービスは,仮に民間企業のサービスであっても,地域独占のことが多く,消費者の声は届きにくい.例えば,わかりにくい請求がきても,受け入れざるを得ないのが現状である.最低限の必要事項や,消費者の苦情への対応などの規格が必要となる.

e) 情報通信技術(ICT)を使ったサービスの標準化

ISO/IEC 20000-1〜5　Information technology – Service management – **Part 1**：Service management system requirements, **Part 2**：Guidance on the application of service management systems, **Part 3**：Guidance on scope definition and applicability

> of ISO/IEC 20000-1, **Part 4**：Process reference model, **Part 5**：Exemplar implementation plan for ISO/IEC 20000-1（TR 含む）
> **ISO/IEC 27000** Information technology − Security techniques − Information security management systems − Overview and vocabulary, **ISO/IEC 27001** 同 − Requirements, **ISO/IEC 27002** 同 − Code of practice for information security management, **ISO/IEC 27003** 同 − Information security management system implementation guidance, **ISO/IEC 27004** 同 − Information security management − Measurement, **ISO/IEC 27005** Information security risk management, **ISO/IEC 27006** 同 − Requirements for bodies providing audit and certification of information security management systems, **ISO/IEC 27007** 同 − Guidelines for information security management systems auditing, **ISO/IEC TR 27008**：2011 同 − Guidelines for auditors on information security controls

　現在では，情報通信技術（ICT）を使った新しいサービスが，インターネット上に次々と生まれている．そのため，ISOとIECの合同委員会においても，膨大な数のICTの規格が作成されている．ICTのサービスは非常に変化のスピードが早く，多様性にも富んでいるので，ICTを使った個々のサービス自体を標準化しようとしてもなかなか大変ではあるが，サービスを円滑に取引するための最低限必要なセキュリティやマネジメントシステムという切り口からであれば，かなりの部分において標準化が可能である．そもそも，安心・安全というサービスのための基盤がなければ，サービスを展開することができない．こうした背景をもとに，ISOとIECは合同の技術専門委員会を設立して，情報セキュリティに関する規格を開発している．例えば，ISO/IEC 20000は，ITサービスを提供しているサービスプロバイダや，ICTサービスを通じて，顧客に製品・

サービスを提供するビジネスを展開する組織を対象としたマネジメントの規格である．また，ISO 27000 シリーズは，組織に対して，自社で保護すべき情報資産を洗い出し，各情報資産に対して機密性，完全性等を，維持・改善していくことを可能にする仕組みの構築を目的とした規格である．

f) 非公式教育・訓練の標準化

> **ISO 29990**：2010　Learning services for non-formal education and training - Basic requirements for service providers

社会が成熟化するにつれ，学習・教育といった高度なサービスについての社会の関心が高まるが，こうした中，2010年にISO 29990（非公式教育・訓練のための学習サービス）が発行されている．これは，小中学校などの公的な機関以外が提供する学習サービス，すなわち，非公式教育・訓練分野の企画，開発，提供に関する共通認識を学習サービス事業者と顧客に提供すること等を目的とした規格である．言い換えれば，学習塾や予備校，各種専門学校等が，受講者のニーズや期待を把握しながら，専門的な学習サービスを提供できるような仕組み確実に実施するための規格である．学習プログラムとプロセスに関する要求事項，サービス事業者のマネジメントに関する要求事項が規定されており，これらの要求事項を満たすことで，提供される学習プログラムの質の管理と，財務的リスクも含んだ学習サービス事業者のマネジメントを確保する内容となっている．

実際，技術革新の進展や国際競争の激化に伴い，高度な専門知識・技能を有する人材の需要は高まっており，高度専門人材の養成が求められている．また，労働市場の流動化やキャリアパスの複線化，

ライフスタイルや価値観の多様化などに伴う生涯学習関連のサービスも期待されている．日本では，厚生労働省もこの規格を利用して，職業訓練サービスを提供する民間教育訓練機関の質の保証や向上に関する取り組みを支援している[5]．

g) 旅行・観光関連サービスの規格（ISO/TC 228 で検討されている規格）

ISO/NP 13009　Beaches − Criteria to render the service
ISO/FDIS 13293　Recreational diving services − Requirements for gas blender training programmes
ISO/AWI 13687　Yachting clubs：The standardization of tourist services in yachting clubs and marinas
ISO 13289：2011 Recreational diving services − Requirements for the conduct of snorkelling excursions
ISO 13970：2011　Recreational diving services − Requirements for the training of recreational snorkelling guides
ISO/CD 14489-1〜3　Safe delivery of adventurous activity − **Part 1**：Risk management, **Part 2**：Leader competence, **Part 3**：Information to clients
ISO/CD 14785　Tourist information offices − Information and reception services − Requirements
ISO/AWI 17679　Wellness spa − Service requirements
ISO/AWI 17680　Thalassotherapy − Service requirements
ISO 18513：2003　Tourism services − Hotels and other types of tourism accommodation − Terminology
ISO/DIS 28621　Medical spas using natural resources − Service requirements　　　　　（年号のないものは，原案作成中，2012.12）

旅行関連産業は巨大な産業である．国際連合の機関である世界観光機関（UNWTO：United Nation World Tourism Organization）によれば，先進国経済の不調にもかかわらず，2011年の旅行者数は前年比4.6％の伸びを示しており，2030年の旅行者数は，2010年の1.9倍の18億人に達すると予想されるなど，今後大きな成長が期待されている[6]．新興国が猛烈な勢いで成長している中，社会が豊かになれば観光の需要は増える一方，成熟社会を迎えた先進国も，余暇を楽しむ観光需要は増える傾向にある．しかし，旅行関連のサービスは多様である反面複雑な面もあり，必ずしもサービスが円滑に提供されていない部分も少なくない．第2章で取り上げたホテルの事例などがその代表であるが，取引の透明性の確保，消費者の信頼性・満足度の増大，安全の確保など，標準化が有効に利用できそうな課題はたくさんある．にもかかわらず，今まで旅行に関するサービスの標準化はあまり進んでいなかったのが現状である．このような現状を背景に，2005年にISO/TC 228が設立されると，ビーチ，ダイビング，温泉，観光案内所など様々な規格が検討され始めた．"観光立国"を目指す日本が，このTCに参加していないことは気がかりである．例えば，温泉などの楽しみ方は，日本と欧州ではかなり文化に違いがあるようであるが，欧州だけで規格を決めてしまい，それが定着してしまったら，日本の温泉文化にも大きな影響を与えるかも知れない．

5.2 ヨーロッパで進むサービス業の標準化

ISOで進む規格の作成作業に並行して，ヨーロッパにおいても，独自にサービス業に関する標準化活用を積極的に進めている．もともとISOの活動はヨーロッパが主導しており，ヨーロッパにとっ

てISOの活動は自らの活動の延長線にあるため，両者は密接にかかわっているのは自然な流れにも見える．そのうえ，ヨーロッパには，欧州連合（EU）によるヨーロッパの統一という後戻りできない至上命題があり，各国の制度や習慣の違いを，標準化によって解決しようと考えているために，積極的に標準化を進めているという側面も大きい．さらにヨーロッパでは，成熟社会を迎えて，雇用の悪化，少子高齢化，環境問題，エネルギー問題といった問題を抱えており，それらの問題にも標準化を有効に活用しようと考えている．こうした問題は日本にも共通するところが多く，彼らの取り組みを知ることは，日本にとっても大きなヒントになるものと考えられる．

5.2.1 標準化でEUを統合する

サービス業の重要性にいち早く着目したヨーロッパは，標準化によって，EU域内の様々な問題の解決を目指している．そのため，標準化を円滑に行うための政治的な枠組みから着々と整備を進めている．特に21世紀に入るとその動きを活発化させ，代表的なものに，2000年と2002年の，COM（2000）888[7]とCOM（2002）441[8]（サービス業の域内の市場戦略）がある．これらは，主としてサービス業の競争力に注目したものであり，企業競争を妨げる様々な規制など，国ごとにある貿易障壁を取り除く必要性を唱えている．さらに，EU委員会は，2003年に"任意規格をサービス産業に活用するべきである"という旨の考え方から，Mandate 340（CEN, CENELEC, ETSIのサービス分野の標準化）[9]を発令して，ヨーロッパ標準化委員会（CEN），ヨーロッパ電気標準化委員会（CENELEC），ヨーロッパ電気通信標準化機構（ETSI）等に対してサービス産業の標準化を進めること，すなわち，サービス業に関する規格を作るように要求している．また，Mandate 370（ビジネ

スサポートに対する標準化)[10]，Mandate 371（CEN のサービス分野の標準化)[11] を発令している．そして，これらの Mandates もまた，ヨーロッパ標準化委員会（CEN）に対してサービス業に関する標準化を進めるように要求している．さらに 2006 年には，EU directive 2006/123/EC（域内市場におけるサービス，いわゆる"サービス指令")[12] を発令し，ヨーロッパ域内のサービス市場の自由化を促進している．この指令は，企業と消費者双方を対象としており，EU 域内の経済成長と雇用の基盤改善，法的な障壁の撤廃，消費者の権利強化，加盟国間の行政協力を目標としており，その実現のためのツールとして標準化の利用を挙げている．

このように，ヨーロッパでは，サービス業の標準化を進めるための政治的な枠組みの構築が着々と整えられている．CEN では，標準化は"統一市場のための基本的な要素であり，標準化によって，サービス業に関する知識が広がり，業務の実績や質を測定することによって，業務の効率化を高めるだけでなく，競争力の強化を図ることができる"[13] としている．

5.2.2 ヨーロッパのサービス業に関する標準化
a) ヨーロッパ標準化委員会（CEN）の動向

ヨーロッパでは，EU 指令等に基づいて，具体的な規格の作成作業が進んでいるが，実際に，規格の作成を行うのは CEN 等の標準化機関であり，そのため CEN には，ISO 以上にユニークな様々なサービス業に関する技術委員会（TC）が設置されている（表 5.2 参照）．その多くは，近年設立されたのであり，2010 年以降を見ても，CEN/TC 405（専門知識をもつプロフェッショナルサービス），CEN/TC 409（理容・美容院の品質とマネジメント），CEN/TC 412（日焼けサロン），CEN/TC 414（整骨），CEN/TC 417（海

表 5.2 サービス業に関連の深い CEN/TC

委員会	名　称
CEN/TC 319	メンテナンス
CEN/TC 320	運輸・ロジスティク
CEN/TC 329	旅行業
CEN/TC 331	郵便
CEN/TC 348	ファシリティマネジメント
CEN/TC 373	不動産
CEN/TC 379	サプライチェーンの安全
CEN/TC 381	経営コンサルタント
CEN/TC 389	イノベーションマネジメント
CEN/TC 394	指圧
CEN/TC 395	エンジニアリングコンサルタント
CEN/TC 403	美容整形
CEN/TC 404	有害生物管理
CEN/CENELEC/TC 4	防火とセキュリティシステム
CEN/TC 405	専門知識をもつプロフェッショナルサービス
CEN/TC 409	理容・美容院の品質とマネジメント
CEN/TC 412	日焼けサロン
CEN/TC 414	整骨
CEN/TC 417	海上・公安のセキュリティ
CEN/TC 419	法医学

備考　上表は Project committee を含む.
（出所）　CEN のウェブサイト[17]から筆者作成.

上・公安のセキュリティ）といった新しい分野の専門委員会（TC）が並んでいる．第2章では"こんな標準があったら便利ではないか"として様々な例を挙げたが，CEN 以外に，各国が独自に作成のものまで含めると，旅行，運輸，引越し，保管，メンテナンス，教育，ヘルスケア，クリーニング，公共サービス，情報通信，小売り，ビジネスサービス，コンサルティング，市場調査，セキュリティ，金融，翻訳等のさまざまな規格が既に制定されている．CEN の委託

調査[14]によれば,既に多くの規格が使われている(表5.7, p.131参照).

また,CENでは,専門委員会(TC)による分野別の規格作成作業に加え,分野横断的な基礎研究も実施している.例えば,2007年には,"サービスの規格の作成のための指針","用語と定義","サービス提供における安全性","顧客満足度調査方法","クレーム補償システムに関する対応提言","請求方法と新規の課金方法","企業間サービス(B to B)"といった七つの切り口から標準化を検討し,CHESSS(CEN の横断的なサービスの標準化に関する戦略)として結果をまとめて発表している[15].また,2011年には,"既に発行された規格がサービス事業者と利用者にどのような影響を与えているのか"といった観点からの追跡調査も行われている[16].確かに,サービスに関する規格こそ発行されたものの,利害関係者に規格の存在や必要性が十分に理解されているかどうかは未知数のままである.誰も使わない規格を作っても意味はない.そのため,CENでは,家具の輸送,翻訳サービス,公共交通機関などの主要な分野を選び出ししたうえで関連する規格をピックアップし,"規格があることによって,提供するサービスの透明性ができたか","契約に関する能力が向上できたか","法的な要求事項への対応が向上できたか"といった標準化の具体的な影響を調査している(表5.3参照).

b) 各国の動向

CENによる標準化活動と連携を保ちながら,ドイツやフランスなどヨーロッパ各国の規格協会もまた,それぞれサービス業に関する標準化活動を展開している.

ドイツ規格協会(DIN)では,2009年2月に,サービス業に関する標準化について,新たな委員会を設立するための会合を開催し

表5.3 サービス業に関するEN規格（ヨーロッパ）の効用の分析

部門	規格番号	認証（規格による改善事項の向上）	公共調達	消費者保護（国レベルの健康・安全法規対応）	環境資易	メインテナンス・シアトフィッター・ベンチマーキング	補助的ガイドラインの他の規格	契約その他の文書の作成	サービスの質の向上を示すサービス提供者への透明性	共通用語の定義	契約に関する事項の改善	実績指標の改善を図る	健康への安全要求事項への対応	能力の向上に関する事項	法的要求事項への対応	市場占有事項の改善	収益性の増加	他のサービスとの比較能力	サービス提供者の信頼の向上	顧客満足度の増加	環境の改善
飲食用ケイタリング	EN 14467	○	○	○				◎	◎			◎							○		
	EN 14153s	○	○	○	◎								◎						○		
	EN 14413s	○	○	○	◎								◎						○		
家具の運送サービス	EN 12522				○			◎	◎	◎				◎					○		○
	EN 14873s				◎																○
葬儀サービス	EN 15017			○				◎	◎	◎	○								○	○	
運送業のマネジメントシステム	EN 12507								◎	◎		○		○					◎	◎	
	EN 12798				○		◎		◎	◎	○			◎	○						◎
公共交通サービス	EN 13816		◎						◎	◎		◎							◎	◎	◎
	EN 15140								◎	◎		◎							◎	◎	
客輸サービス	TR 14310								◎	◎											
運送業のロジスティック	EN 13011					○			◎	◎											
	EN 13876						○		◎	◎					◎				◎	○	
	EN 14892					○		◎		◎		○							◎	○	◎
	EN 14943							◎		◎											
翻訳サービス	EN 15038	◎							◎	◎		◎							◎		
メンテナンス	EN 13269								◎	◎											
	EN 13306									◎	◎										
	EN 13460						○	◎										○			
	EN 15341						○								◎			○	○		
	TS 15331																				◎
	TR 15628					◎			○	○	○				◎						

備考　各規格の名称は、表5.7参照。◎○は効果の強さを表す。
（出所）Stroyan James, Brown Neil（2012）[TM] を筆者が仮訳．

表5.4 DINに設立されたサービス業に関する標準化のワーキンググループ

> 自動販売機,ブランド価値評価,カスタマー・コンタクト・センター,指圧,化粧品サービス,消費者の信用評価,イベントマネジメント,フランチャイズ,ハイキングコース,イノベーションマネジメント,学習サービス,経営コンサルタント,市場調査・世論調査,パテント評価,印刷メディア分析,個人資産管理,心理分析,格付けサービス,不動産仲介,セキュリティサービス,技術コンサルティング,観光,倉庫

(出所) DINのウェブサイト[19]のデータを仮訳.

ている[18].この委員会は,二つの分科会でビジネスサービス(B to B)と消費者サービス(B to C)をそれぞれ取り扱いながら,24の分野のワーキンググループを設立し,サービス業に関する標準化の可能性・有効性を探っている.また,2006年からは,連邦政府の支援のもとに,標準化によるイノベーションの研究を実施し,サービス業の標準化について検討を行っている[19].その中には,例えば,"サービスの標準化の効率性を測るためのコンセプト","知的財産管理におけるサービスの品質","ビジネスサービスの外注","サービスの関連用語"等がある.そして,そのような調査・研究をもとに,2010年には,DIN SPEC 1060(知的所有権のマネジメント)やDIN SPEC (PAS) 1041(技術指向のビジネスサービスの外注)といった規格を制定している.

ドイツ以外においても,欧州各国でサービス業に関する標準化の活動が行われており,その成果として続々とサービスに関する規格が作成されている.イギリス(BS),ドイツ(DIN),フランス(NF),スイス(SN),スペイン(UNE),イタリア(UNI)といった主要国の規格だけをみてみても,宿泊・ホテル,ビジネスサポート,コー

ルセンター,教育・訓練,メンテナンス,調達・契約,レストラン,小売り,旅行・ツーリズム,公共サービス（上下水道）といった様々な規格が制定されている.さらに,魚屋,眼鏡屋,肉屋,花屋といった具体的な小売業,クリーニング,金融サービス,ファシリティマネジメント,経営コンサルタント等の規格も見受けられる（表 5.8, p.135 参照）

5.2.3 サービス業に関する規格を作るためのガイド

CEN では,今後さらにサービス業に関する標準化を円滑に進めるために,2012 年に CEN Guide 15（サービスの規格を作成するためのガイダンス）も発行している[20].この文書は,サービス業に関する標準化の方向性を定めるために CEN の理事会直下に設立された BT/WG 163（サービスの標準化）による指針であり,具体的にどのようにサービス業に関する規格を作成すべきかを規定したガイダンス文書である.

ガイドでは,まず,"標準化したいサービスがどのようなものであるのか"を明確にするために,どのようなサービスを,誰が,誰に対して,どこで,いつ,どのようにして提供するのか確認することを勧めている.また,標準化する理由として,"顧客からの要求を正しく受け止める","他社との区別を明確にする","公正な競争の促進","市場での信頼性の獲得","認証"等の例を挙げている.さらに,"規制や法律との関係","マネジメントシステムとの関係の指針"等も示している（表 5.5 参照）.

表 5.5 CEN Guide 15（サービスの規格を作成するためのガイダンス文書）の目次

3　標準化の準備	6　マネジメントシステムとの関わり
3.1　一般	
3.2　サービスの要素 – 5W1H	6.1　一般事項
3.3　標準化する理由	6.2　サービス規格とマネジメントシステムの区別
3.4　外的影響 – 社会，法規・規格，競争	6.3　マネジメントシステムの方針
3.5　サービスのライフサイクル思考	6.3.1　一般事項
	6.3.2　品質マネジメントシステムの方針
3.6　書類の種類	
4　規格の項目	6.4　（共通する）上位構造
4.1　デフォルトでの項目	6.5　規格作成者のオプション
4.2　特定する内容	7　その他共通事項
4.2.1　サービス供給者（誰が）	7.1　消費者がサービスを選択するときの基準
4.2.2　利用者の識別（誰に）	有形財，信頼性，反応，専門技能，礼儀正しさ，信用性，健康・安全，入手しやすさ，アクセシビリティ，コミュニケーション，利用者と利用者サービスの理解
4.2.3　マーケティングと認知	
4.2.4　取り決め	
4.2.5　請求・支払い	
4.2.6　サービスの供給（何を）	
4.2.7　苦情・紛争処理・賠償	
4.2.8　供給者の見直し	
4.2.9　サービスの終了	7.2　人的資源
5　法的事項との関わり	7.2.1　一般事項
5.1　一般事項	7.2.2　有資格者
5.2　法的事項	7.2.3　労働安全衛生
5.3　法的な適合性	7.3　環境側面
5.4　技術規制の参照	7.4　アクセシビリティ
5.5　各国規格等との差異	8　サービスの質の測定
5.6　各国の特別な要件	

（出所）　CEN Guide 15 ver. 2012-02-01[20] を仮訳．

5.3　民間主導のアメリカの標準化

ヨーロッパがどちらかと言えば政府セクター主導のうえで，官民一体となって標準化を進めようとしているのに対して，アメリカの標準化政策は，自国内の巨大な市場を背景に，民間主導の標準化活

動を基本としている．新興国の追い上げなどによって相対的にはアメリカの影響力が小さくなってきたとはいえ，今なお世界経済におけるアメリカの存在は圧倒的なものがあり，自国市場はもちろん，中南米や日本を含めたアジア市場において，市場メカニズムによって決まるデファクト規格やフォーラム規格では大きな力を発揮している．また，デジュール規格においても，ASTM や IEEE に代表される民間の有力な標準化機関の活躍が大きく，ヨーロッパが採用しているような，限りなく公的な国家標準化機関によって作成されたデジュール規格を重視する政策とは，趣を異としている．もちろん，アメリカも WTO/TBT 協定の発足以来，デジュール規格獲得への取組みを強化はしているものの，軍事等，特定の分野を除き，基本的には民間主導で進められる．アメリカは，世界最大のサービス消費国であり，サービスの輸出国でもある．様々なサービスの標準化が進められている．

　サービス業に関連する規格やそれに類するような基準等を制定・運用している団体は，大小入り混ぜて多数見受けられる．今回は一部しか調べていないが，それでも，保険，銀行，公認会計士，不動産，教育，e-コマース，データ交換・通信，インターネットセキュリティ，健康産業，ガス，IC カード等の団体がある．そして，その中には，ISO/TC 224（水道）の国内委員会を担当するアメリカ水道協会（AWWA），ISO/TC 68（銀行業）の国内委員会を担当するアメリカ銀行協会（ABA）等も含まれている．

　また，前述の顧客満足度指数（ACSI）で有名なアメリカ品質学会（ASQ）や，PMBOK で有名なプロジェクトマネジメント協会（PMI），米国公認会計士（CPA）試験で日本でも知られているアメリカ公認会計士協会（AICPA），ハイテク製品の保管・輸送中の紛失・盗難などでの損失防止で有名な物流資産保全協会（TAPA）

等もある.とりわけ PMBOK は,プロジェクトマネジメントのデファクト規格として世界中に大きな影響力をもっており,標準化の世界でもひときわ大きな存在感を示している.また,TAPA の規格を使った TAPA 認証も知られている.

その他にも,たくさん数の民間団体が,それぞれ独自の基準や規格を作り,サービス業に関する認証・認定のプログラムを実施している.

5.4 サービス業に関する認証が進んでいる

ISO やヨーロッパの事例を中心にサービスの標準化の事例をレビューしたが,日本でも ISO で作成された規格を使ったサービス業に関する認証が進んでいる.現時点では,これらの認証の影響力は産業全体から考えた場合あまり大きくないが,今後成長が期待されるサービス業に対して,標準化がどのような影響を及ぼすかを考えるうえで,先行事例として注目に値する.

5.4.1 ISO 規格を使ったサービス業に関する認証

a) 市場調査[21]

ISO 20252(市場・世論・社会調査 – 用語及びサービス要求事項)が 2006 年に発行されことに伴い,日本国内でも,この規格を要求事項として用いた認証制度が運用されている.そして,一般社団法人社日本能率協会審査登録センター(JMAQA)が 2011 年 4 月に,公益財団法人日本適合性認定協会(JAB)から審査登録機関として認定され,ISO 20252 及び ISO 20252 認証協議会が定めた基準を使って審査登録業務を行っている.

b) イベントマネジメントシステム[22]

環境問題に対する意識の広がりを背景に, ヨーロッパの先進国ではBS 8901（持続可能なイベント運営のためのマネジメントシステム）を使った認証が行われているが, ISOにおいても, これをもとにしたISO 20121（持続可能なイベント運営のためのマネジメントシステム）が制定され, 今後, その規格を使った認証が広がりを見せる可能性がある. この規格は, イベント運営における環境影響の管理に加えて, 経済的, 社会的影響についても管理することで, イベント産業の持続可能性（サステナビリティ）をサポートするマネジメントシステム規格である. 今後, オリンピックやワールドカップのように, 世界経済に大きな影響を与えるイベントに, 大きな影響力を及ぼす可能性がある.

c) 学習サービス[23]

2010年にISO 29990（非公式教育及び訓練のための学習業務－業務提供者の基本要求事項）が発行され, 日本国内では, BSIグループジャパン（株）がISO 29990の認証サービスを開始しており, 認証取得を支援するためのセミナー等も各社で開催され始めている. また, ISO/TC 232の国内審議団体である一般社団法人人材育成と教育サービス協議会（JAMOTE）もこの規格を利用した認証業務を行っており, 2011年には, 早くもいくつかの研修機関や学習塾などに対して認証を付与している. 前述のとおり, 厚生労働省が研修機関などのサービスの質の向上を目指して作成したガイドラインもこの規格を利用しており, 今後学習サービスを提供する機関が続々と認証を取得する可能性もある.

d) サプライチェーンのセキュリティマネジメント[24]

2007年に,運輸・輸送業の中心としたサプライチェーンを運用している運輸・物流業界のセキュリティに特化したマネジメントシステム規格として,ISO 28000(サプライチェーンのセキュリティマネジメントシステムの仕様)が発行されている.本稿作成時点において,日本では対応するJISも発行されておらず,日系の認証機関における認証も行われていないようだが,テュフラインランドや,ビューローベリタス等のヨーロッパ系の大手認証機関では,日本にある支社を通じて認証業務を開始している.サプライチェーンを運用する運輸業界は,世界中に広がる物流ネットワークにおいて,セキュリティをどのように確保するかというような課題を抱えている.そして,グローバル化の進展とともに,その懸念も世界中に広がっている.リスクを評価してそれを防ぐための対策を施しながらセキュリティを確保することは重要であり,既に日本の住友倉庫の海外子会社も認証を取得している[25].

e) その他のマネジメントシステムの規格

ISO 9000シリーズの成功を先例にして,ISOでは様々なマネジメントシステムの規格が整備されている.サービス業に特化した標準こそ少ないが,逆に,製造業に特化した規格もなく,多くのマネジメントシステムの規格が業種に無関係に,すなわち多くのサービス業において,認証に利用されている.現在様々な認証機関で認証業務が行われている主なマネジメントシステムの規格を確認してみると,これらは,すべて,多かれ少なかれサービス業又は,製造業のサービスの部分にも利用されているようだ.

5.4.2 ヨーロッパで先行するサービス業に関する認証

ISO 規格を使った認証がまだ一部に限られているものの，ヨーロッパでは，CEN での規格作成に加え，ISO 規格や各国で精力的に作成された規格をもとに，既に多くのサービス業に関する認証スキームが，世界に先行して立ち上がっている．

CEN による委託調査[14]によれば 2012 年 3 月時点で，既に，17 か国，41 の認証機関によって 163 ものサービスの認証スキームが確認されている．そして，これらのスキームによって利用されている規格は約 120 件程度であるが，そのうちの 88 件が，ヨーロッパ各国独自の規格を利用しており，CEN 規格が 22 件，ISO 規格に至っては 10 件とまだ非常に少ない．国際的なレベルよりも，まずは，各国の国内レベルでの認証が先行しているものと思われる．

これらの認証スキームで利用されている規格の大部分は 2000 年代に入ってから作られたものであり，また，認証スキームの多くは，規格の発行から 0～3 年の間に立ち上げられている．ヨーロッパには，主として製造業を対象とした既に 1 300 以上の認証スキームがあることを考えれば，まだ数は少ないかも知れないが，これらのデータを考えると，世界に先立ち，急激な勢いでサービスの認証が増えていることがわかる．

認証スキームの内容は，各国で作られた規格をもとにしているため，規格と同じく，宿泊・ホテル，ビジネスサポート，コールセンター，教育・訓練，メンテナンス，レストラン，小売り，旅行・ツーリズム，公共サービス（上下水道），小売業，クリーニング，金融サービス，ファシリティマネジメント，経営コンサルタント等に及んでいる．

各国の規格協会又はそのグループの AENOR（スペイン），

AFNOR Certification（フランス）等の認証機関が認証を行っている場合もあるが，中には SGS，TÜV，Lloyd's certificate のようなヨーロッパの大手認証機関も，サービス業に関する認証に取り組んでいる[14]．

主な認証スキームを挙げると，表5.6のようなものがある．

5.4.3　日本の業界基準による認証

"標準"，"規格"というと ISO や JIS ばかりに目が行きがちであるが，日本でも，サービス業に関する業界団体等が，既にさまざまな自主基準に基づいて認証制度*を運用している．そればかりか，基準を利用した独自のマーク制度さえ運用している団体も少なくない．主な分野は，ヨーロッパの事例でもみられた，運輸・輸送，教育，医療，高齢者対応などである．各団体のウェブサイトを見る限りでは，多くの場合"標準化"や"規格"を全面に出した普及活動はあまり行っていないものの，その多くは，標準化を利用した品質の確保にかなり類似した考え方であるようにみえる．マーク制度は多数存在するが，以下，代表的ないくつかの事例を紹介する．

a）　運輸・輸送

サービス業は新しいものが多いとはいえ，運輸・輸送のサービスのように，古くからのサービスももちろん存在する．そして，そのようなサービスについても，自主的な基準による認証制度がある．

例えば，トラックによる輸送に関して，公益社団法人全日本トラック協会では，一定の基準をクリアした事業所を認定する貨物自

---

*　団体によっては"認定"という用語を使う場合もあるが，その内容の多くは，JIS Q 17000：2005（適合性評価－用語及び一般原則）で定義された"認証（certificate）"と思われる．

表 5.6 ヨーロッパで実施されている主なサービス業に関する認証

国	認証機関名	認証スキーム	規格番号	規格の名称
スペイン	AENOR	Tourist Quality (Q) – Hotels and Tourist Apartments（観光品質－ホテル・観光客用アパート）	UNE 182001: 2008	Hotels and touristic apartments – Service requirements
ドイツ	TÜV	Service- und Hygienequalität im Hotel（ホテルの衛生品質）	EN ISO 18513: 2003	Tourism services – Hotels and other types of tourism accommodation – Terminology
フランス	AFNOR Certification	NF Service – Paper document archiving and outsourced management (NF342)（書類のアーカイブと外注マネジメント）	NF Z40-350: 2009	Archival – Archival services and external management of paper documents – Service and implementation of the service
フランス	AFNOR Certification	NF Service – Business incubation service (NF248)（ベンチャーの立ち上げ支援）	NF X50-770: 2003	Start-up aid or company take-over aid – Activities of business incubators – Description of the services provided by the business incubator
オーストリア	AS+C	Call Centres（コールセンター）	EN 15838: 2009	Customer Contact Centres – Requirements for service provision
スイス	Swiss Association for Quality and Mgm't Systems (SQS)	Cleaning Services – Basic requirements and recommendations for quality measuring systems（クリーニング，品質測定システムに対する基本要求事項と推奨事項）	EN 13549: 2001	Cleaning services – Basic requirements and recommendations for quality measuring systems

5. 進むサービス業の標準化　　121

表 5.6 （続き）

国	認証機関名	認証スキーム	規格番号	規格の名称
ギリシャ	ELOT (Certification Council)	Certification of communication services providers（コミュニケーション・サービスプロバイダー）	ELOT 1435: 2009	Communication services – Requirements for providers
フランス	AFNOR Certification	NF Service – Quality of building works-related services in private procurements (NF327)（建築物に関するサービス）	NF P03-700: 2002	Building – Private procurements – Quality of building works-related services in private procurements
オランダ	Det Norske Veritas Certification	Debt settlement – Part 1: Requirements for organisations in debt settlement（債務調停・決済）	NEN 8048-1: 2011	Debt settlement – Part 1: Requirements for organisations in debt settlement
フランス	AFNOR Certification	NF Service – Service of direct selling enterprises (NF355)（直販）	NF X50-788: 2003	Direct selling – Service of direct selling enterprises
ドイツ	DIN Certco	Private financial planner（ファイナンシャルプランナー）	ISO 22222: 2005	Personal financial planning – Requirements for personal financial planners
デンマーク	DS Certificering	Services in the funeral industry（葬式）	EN 15017: 2005	Funeral Services – Requirements
オーストリア	AS+C	Language study tours（語学学習ツアー）	EN 14804: 2005	Language study tour providers – Requirements
スペイン	AENOR	Tourist Quality (Q) – Golf Courses（観光の品質 – ゴルフコース）	UNE 188001: 2008	Golf courses. Services requirements

表 5.6 (続き)

国	認証機関名	認証スキーム	規格番号	規格の名称
イギリス	Lloyd's Register Quality Assurance	EN 13850+A1（郵便）	EN 13850+A1: 2002+2007	Postal service – Quality of service – Measurement of the transit time of end-to end-services for single piece priority mail and first class mail (under revision)
ギリシャ	ELOT (Certification Council)	Certification of real estate agents（不動産業）	EN 15733: 2009	Services of real estate agents – Requirements for the provision of services of real estate agents
フランス	AFNOR Certification	NF Service – Reception service providers (NF373)（受付サービス）	NF X50-575: 2004	Reception – Outsourced reception services – Service commitments of reception service providers
フランス	AFNOR Certification	NF Service – Recruitment consulting (NF353)（採用コンサルティング）	NF X50-767: 2001	Recruitment consulting firms – Quality of services
オーストリア	AS+C	Transportation of fine art goods（美術品の輸送）	ÖNORM D 1000: 2006	Transportation services – Requirements for fine arts removals
フランス	AFNOR Certification	NF Service Residential homes for elderly people (NF386)（高齢者向住宅）	NF X50-058: 2003	Residential homes for elderly people – Ethical framework and service commitments
スペイン	AENOR	Restaurant services. Provision and storage requirements（レストラン）	UNE 167003: 2006	Restaurant services. Provision and storage requirements

5. 進むサービス業の標準化

表 5.6 (続き)

国	認証機関名	認証スキーム	規格番号	規格の名称
スペイン	Servicio de certificación de la cámara official comercio e industria de Madrid	Service quality for small retail trade. Part 2: Requirements for fishmonger's (小売り－魚屋)	UNE 175001-2: 2004	Service quality for small retail trade. Part 2: Requirements for fishmonger's
ハンガリー	MSZT Certification Department	Certification of translation services (翻訳サービス)	EN 15038: 2006	Translation services – Service requirements International

備考 同様の認証スキームが163件確認されている．
(出所) NORDIC INNOVATION (2012) から主なスキームを選択[14].

動車運送事業安全性評価事業を実施している．同協会によれば，この制度は，利用者がより安全性の高い事業者を選びやすくするとともに，事業者全体の安全性の向上に対する意識を高めるための環境整備を図るための制度である．事業者の安全性を正当に評価し，認定し，公表する仕組みをもち，一般には"Gマーク制度"として知られている[26]（図5.2参照）．

また，個人タクシーによるサービスについても同様な仕組みがあり，社団法人全国個人タクシー協会は，独自の認定基準を設けており，マスターズ制度と言われる優良個人タクシー事業者認定制度を運用している．個人タクシー事業者は，有識者で構成されるマスター認定委員会の審査を受けて"優良"と認められれば，マスター称号を車両の屋上に表示することができる[27]（図5.3参照）．

図5.2　Gマーク制度（貨物自動車運送事業安全性評価事業）認定マーク*

（出所）公益社団法人全日本トラック協会

図5.3　優良個人タクシー事業者認定制度認定マーク

（出所）社団法人全国個人タクシー協会

b) 教育・学習

ISOにおいても学習サービスの規格が作られているが，日本の業界団体も，教育サービスに関して，自主的な基準に基づいた認証

---

* JIS Q 17000で定義された"認証（certificate）"と同等と思われる．

5. 進むサービス業の標準化

制度を運用している.

一般社団法人留学サービス審査機構(J-CROSS)では,2012年から留学サービス事業者の認証を開始した.これは,留学を考えている学生(消費者)が,適正な留学サービス事業者を選択できるように,留学サービス事業者に対して,例えば,授業内容や滞在先の内容,費用など重要事項の説明,記載書面の交付,クーリング・オフ的機能を含めた適正な契約変更・解除規定の契約書への明記,ホームページやパンフレットにおける広告や表示の適正化,前受金に関する保全措置等に関して,独自の認証基準によって審査を行う制度である[28].サービスの品質の確保や,消費者への安心・安全の提供などの効果が期待できる(図5.4).

また,社団法人全国学習塾協会も同様な取り組みを行っており,消費者(生徒・保護者)が安心してサービスを受けられることを目的とした学習塾業認証基準を設けて,これに基づいて事業者を認証している[29].ここで設けられた基準には,契約(クーリングオフ),広告(誇大広告の禁止),苦情対応,責任体制等が含まれており,認証を取得すると,独自マークを表示することもできる.学生・生徒を対象としたサービスは,消費者となる学生・生徒は社会経験に

図 5.4 留学サービス事業者認証マーク
(出所)一般社団法人留学サービス審査機構(J-CROSS)

図 5.5 学習塾認証制度認証マーク
(出所)社団法人全国学習塾協会

乏しいし，学習塾の場合は，サービスの性質上，個人情報保護なども大きな問題となることもある．このような取り組みは有意義である（図5.5参照）．

c) 美容・エステ・結婚情報サービス

比較的最近に登場した新しいサービス業に関する認証の事例としては，エステティックサロン，ネイリストサロン，結婚情報サービス等が挙げられる．これらのサービスはサービス業として成立したのは比較的新しいうえに，流行などによる影響も非常に大きく，また，サービスの特性上，効果や品質，満足度については，消費者の感情や主観が影響して，曖昧な部分も多い．そのため，業界として統一的な標準を作り，それによって品質の確保を目指す取り組みは非常に有用であると言える．

そのような中，日本エステティック機構では，基本知識や関係法令，消費者への対応や安全・生成管理に関する独自基準を作成して，エステティックサロンの認証制度[30]の運営を始めている（図5.6参照）．

また，日本ネイリスト協会でも，同様に，技術はもちろん，衛生管理やコンプライアンスなどについて独自基準に基づいて認証制度[31]を運営している（図5.7参照）．

図5.6 エステティック機構認証マーク

（出所）日本エステティック機構

図5.7 認定ネイルサロンマーク

（出所）日本ネイリスト協会

さらに，日本ライフデザインカウンセラー協会では，経済産業省の指導のもとに，苦情対応や個人情報保護等の観点も含め，安心して利用できる安全な結婚相談所を選ぶ基準を設けて，それをもとにした認証制度[32]立ち上げている（図5.8参照）．

図5.8　結婚相談所マル適マーク

(出所) 日本ライフデザイン
カウンセラー協会

d) 医療・福祉サービス

高齢化社会の到来とともに，高齢者が安心して暮らすことができる良質なサービスを提供する施設のニーズは年々高まっている．また，高度医療のニーズも高まっており，医療周辺のサービスの需要がますます増大することは何度も述べたとおりであるが，これらのサービスに関連する認証制度も存在する．

一般社団法人シルバーサービス振興会は，高齢者などが，シルバーサービスを安心して利用できるように，マネジメント基準とシルバーサービスの種類ごとにサービス基準を設けて，基準を満たした事業者に対して"シルバーマーク"を交付している[33]．安全性，倫理性，快適性等の観点から，利用者の権利，適正な契約，苦情対応，損害賠償等についての自主基準に基づき，審査・認定を行っている（図5.9参照）．

また，医療における新規分野のサービス開拓や，医業経営の効率化のニーズの高まりとともに，現在では，多様な医療周辺サービス

が提供されるようになってきている．そうした中，財団法人医療関連サービス振興会では，医療関連サービスの認定を実施している[34]．医療関連サービスとは，医療そのものではないが，滅菌消毒，寝具類洗濯，患者等給食，患者搬送，院内清掃，医療機器の保守点検等，医療機関などで良質な医療を提供するためには不可欠なサービスである．医療関連サービスの品質向上を目指して，厚生労働省の省令で定める基準にさらに独自の基準をプラスした認定基準を定め，この基準をみたす医療関連サービス事業者を認定している（図 5.10 参照）．

さらに，公益財団法人日本医療機能評価機構[35]では，病院機能評価事業を展開しており，独自の評価項目を設けて，病院の活動状況を評価する第三者認証＊を行っている．医療周辺のサービスの重要性が高まる中，これらの制度は，今後注目される可能性がある．

図 5.9　シルバーマーク認定マーク

（出所）一般社団法人シルバーサービス振興会

図 5.10　医療関連サービスマーク

（出所）財団法人医療関連サービス振興会

＊　同機構では，"認定"という用語を用いている．

●コラム7　日本人は国際標準化が下手なのか●

　筆者は標準化の仕事に従事し，国際会議などにも出席したが，率直に言って，"日本人にとって標準化はかなり難関なのでは？"と思うことがある．

　ヨーロッパやアメリカが，歴史的に標準化が上手なのは容易に想像がつく．ヨーロッパの歴史を振り返ると，言語も通貨も軍事も社会制度もバラバラな小国が乱立し，常に民族間・国家間で紛争に次ぐ紛争を繰り返してきた．"もう戦争はゴメンだ．標準化して統合しよう"という強い意思と必然性は，欧州連合（EU）の統合を見れば明らかである．また，アメリカは，様々な民族を寄せ集めた人工国家であるから，人々の間に"互いに黙っていても通じる"意識も文化も希薄であり，共通のルール，すなわち"標準化"の必要性に常に迫られてきたのである．

　一方，日本の歴史の特徴を一言で言えば，中谷（2012）をはじめ多くの人が指摘するように，それは"抜群の社会的安定性"であり，戦争に明け暮れていた諸外国とは著しく異なる文明を作り上げた[36]．安定的な人間関係が基本となっており，長期にわたる信頼関係が何よりも重視されている．したがって，弁護士立ち会いの下に分厚い契約書を作ることもないし，約束不履行ですぐに裁判に訴える煩わしさもない．既に信頼関係はできあがっているのである．だから，MBA（経営学修士）の教科書にあるような，ニッチ戦略だのポジショニングだの，相手の隙を突くような発想は，実はあまり得意ではない．表で協調して裏で自分の利益を誘導するような標準化戦略も，頭では理解できてもどうもしっくりこないことが多い．日本人にとって，標準というものは，長期的な信頼関係の中に自然に生まれる神（お上）から与えられる相場観なのかもしれない．

　西洋的な自然観・宗教観が基礎となって近代世界が始まり，今日の国際ルールが築かれた．一方，日本は，四方を海に囲まれ独特の文化を育みながら，わずか160年前まで鎖国をしていた．だから，国際規格に，日本人が長年育んでいた価値観や世界観といった

ものが抜け落ちてしまっているのはある意味当然なのかも知れない．ISO 9001 や ISO 14001 がこれほどにまで普及しながら，一部の日本の経営者たちが，本心では"何か違うなあ"，"どうも腑に落ちない"と未だに思っている感じがするのが否めないのは，この辺に原因があるのではないだろうか．

表 5.7 CEN で作られたサービス業に関する規格

(2012 年 3 月)

規格番号	規格の名称
宿泊・ホテル・旅行	
EN ISO 18513: 2003	Tourism services – Hotels and other types of tourism accommodation – Terminology
EN 13809: 2003	Tourism services – Travel agencies and tour operators – Terminology
EN 15565: 2008	Tourism services – Requirements for the provision of professional tourist guide training and qualification programmes
アーカイブ	
EN 15744: 2009	Film identification – Minimum set of metadata for cinematographic works –
EN 15907: 2010	Film identification – Enhancing interoperability of metadata – Element sets and structures –
カスタマーコンタクトセンター	
EN 15838: 2009	Customer Contact Centres – Requirements for service provision
クリーニング	
EN 13549: 2001	Cleaning services – Basic requirements and recommendations for quality measuring systems
ダイビング	
EN 14153-1: 2003 EN 14153-2: 2003 EN 14153-3: 2003	Recreational diving services – Safety related minimum requirements for the training of recreational scuba divers – Part 1: Level 1 – Supervised Diver, Part 2: Level 2 – Autonomous Diver, Part 3: Level 3 – Dive Leader
EN 14413-1: 2004 EN 14413-2: 2004	Recreational Diving Services – Safety related minimum requirements for the training of scuba instructors – Part 1: Level 1, Part 2: Level 2
EN 14467: 2004	Recreational diving services – Requirements for recreational scuba diving service providers
ファシリティマネジメント	
EN 15221-1: 2006 EN 15221-2: 2006 EN 15221-3: 2006 EN 15221-5: 2006 EN 15221-6: 2006	Facility Management – Part 1: Terms and definitions, Part 2: Guidance on how to prepare Facility Management agreements, Part 3: Guidance on quality in Facility Management (under development), Part 5: Guidance on Facility Management

表 5.7 （続き）

規格番号	規格の名称
	processes (under development), Part 6: Area and Space Measurement in Facility Management (under development)
EN 15331: 2011	Criteria for design, management and control of maintenance services for buildings (under revision)
葬式	
EN 15017: 2005	Funeral Services – Requirements
ランゲージ・ツアー	
EN 14804: 2005	Language study tour providers – Requirements
メンテナンス	
EN 13306: 2010	Maintenance – Maintenance terminology
EN 13460: 2009	Maintenance – Documentation for maintenance
EN 15341: 2007	Maintenance – Maintenance key performance indicators
EN 13269: 2006	Maintenance – Guideline on preparation of maintenance contracts
EN/TS 15331	Criteria for design, Management and control of maintenance services for buildings
EN/TR 15628	Maintenance – Qualification of maintenance personnel
郵便	
EN 13619: 2002	Postal services – Mail item processing – Optical characteristics for processing letters
EN 13724: 2002	Postal services – Apertures of private letter boxes and letter plates – Requirements and test methods (under revision)
EN 13850+A1: 2007	Postal service – Quality of service – Measurement of the transit time of end – to end – services for single piece priority mail and first class mail
EN 14012: 2008	Postal services – Quality of service – Complaints handling principles
EN 14137: 2003	Postal services – Quality of service – Measurement of loss of registered mail and other types of postal service using a track and trace system
EN 14142-1: 2003	Postal services – Address databases – Part 1: Components of postal addresses

表 5.7 （続き）

規格番号	規格の名称
EN 14482: 2010	Postal services – Trays for international letter mail – Test methods and performance requirements
EN 14508+A1: 2007	Postal services – Quality of service – Measurement of the transit time of end-to-end services for single piece non-priority mail and second class mail
EN 14534+A1: 2007	Postal services – Quality of service – Measurement of the transit time of end-to-end services for bulk mail
EN 14615: 2005	Postal services – Digital postage marks – Applications, security and design
不動産	
EN 15733: 2009	Services of real estate agents – Requirements for the provision of services of real estate agents
家具の移動	
EN 12522-1: 1998 EN 12522-2: 1998	Furniture removal activities – Furniture removal for private individuals – Part 1: Service specification, Part 2: Provision of service
EN 14873-1: 2005 EN 14873-2: 2005	Furniture removal activities – Storage of furniture and personal effects for private individuals – Part 1: Specification for the storage facility and related storage provision, Part 2: Provision of the service
セキュリティ	
EN 15602: 2008	Security service providers – Terminology
EN 16082: 2011	Airport and aviation security services
翻訳	
EN 15038: 2006	Translation services – Service requirements
運輸	
EN 14892: 2005	Transport service – City logistics – Guideline for the definition of limited access to city centers
EN 14943: 2005	Transport services – Logistics – Glossary of terms

表 5.7 （続き）

規格番号	規格の名称
EN 12507: 2005	Transportation services – Guidance notes on the application of EN ISO 9001:2000 to the road transportation, storage, distribution and railway goods industries
EN 12798: 2007	Transport Quality Management System – Road, Rail and Inland navigation transport – Quality management system requirements to supplement EN ISO 9001 for the transport of dangerous goods with regard to safety
EN 13011: 2000	Transportation services – Good transport chains – System for declaration of performance conditions
EN 13816: 2002	Transportation – Logistics and services – Public passenger transport – Service quality definition, targeting and measurement
EN 13876: 2002	Transport – Logistics and Services – Goods transport chains – Code of practice for the provision of cargo transport services
EN 15140: 2006	Public passenger transport – Basic requirements and recommendations for systems that measure delivered service quality

（出所） NORDIC INNOVATION (2012)[14] から主な規格を選択.

表 5.8 ヨーロッパ主要国のサービス業に関する主な規格

規格番号	規格の名称
宿泊・ホテル・旅行	
DIN 77001:1999	Tourism services – Symbols used in travel brochures
NF X50-730:2009	Tourist information office activities – Characteristics of the service commitments of tourist information offices – Welcome/information, promotion/communication, production/ commercialisation, boutique and event-related activities
SN 640650a:1974	Picnic areas, Structural design, equipment and maintenance of toilet facilities
SN 640827c:1995	Road signals – Tourist signs on the main and secondary roads
SN 640828:1980	Road signals, signs to the hotel
UNE 187001:2008	Beaches. Service provision requirements
UNE 187002:2008	Natural protected areas. Service provision requirements
UNE 187002:2008/1M:2011	Natural protected areas. Service provision requirements
UNE 187003:2008	Tourism information offices. Service provision requirements
UNE 187007:2010	Provincial Tourist Board. Requirements for the internal management and service requirements
UNE 188005:2009	Night leisure. Service provision requirements for leisure businesses
UNE 189001:2011	Intermediation tourism services. Service requirements
UNE 182001:2008	Hotels and touristic apartments – Service requirements
UNE 182001:2008/1M:2010	Hotels and tourist apartments. Service requirements
UNE 183001:2009	Rural accommodation. Service requirements
UNE 184001:2007	Touring camps and holiday cities. Service requirements
UNE 185001:2009	Time-sharing tourism services. Service provision requirements

表 5.8 （続き）

規格番号	規格の名称
ビジネスサポート	
DIN 77700:2006	Services of wages tax associations
NF X50-770:2003	Start-up aid or company take-over aid – Activities of business incubators – Description of the services provided by the business incubator
NF X50-771:2001	Company support – Local initiative platform activities – Services and means specifications
NF X50-772:2008	Services of companies lodging professionals – Presentation of business centres and legal address services – Specification of services and deontological framework
NF X50-880:1997	Craft and small firms advice and support activities. Advice and support services and services specifications. Services specifications
UNI 10948:2001	Service – Assistance to enterprises for the granting of a loan – Service requirements
UNE 187004:2008	Congress palaces. Service provision requirements
UNE 187005:2009	Convention Bureaux. Service provision requirements
カスタマーコンタクトセンター	
UNI 11200:2010	Services for relationship with the customer, the consumer and the citizen, through contact centres – Operational requirements for the application of UNI EN 15838:2010
ケータリング等	
NF X50-220:2005	Service standard – School canteen catering service
SN 184001:1986-03	Catering equipment (Gastro-Norm)
UNE 167010:2006	Establishments dedicated to meals service – Central kitchen requirements
UNE 167011:2006	Establishments dedicated to meals service – Vocabulary
UNE 167012:2010	Hospitality services. Catering services. Requirements for the implementation of a self control system based on HACCP principles
クリーニング	
DIN 77400:2003	Requirements for the cleaning of school buildings

表 5.8 （続き）

規格番号	規格の名称
NF X50-790:1995	Industrial cleaning services. Lexicon on cleanliness
NF X50-791:2006	Industrial cleaning service activities – Support for the development of a technical specification sheet for a cleaning service
NF X50-792:1999	Industrial cleaning services. Measuring method of the dusting of hard surfaces
NF X50-794-1:2001	Industrial cleaning services – Part 1: on-site result inspection system – Elaboration and implementation concepts
SN 640720c:1996	Road maintenance – cleaning
SN 95911:1952	Textiles Determination of authenticity of the moth and the beetle authenticity of wool and other keratin-containing materials after dry cleaning or laundry
教育・訓練	
NF X50-750:1996	Professional training. Terminology
NF X50-755:1998	Professional training. Request for training. Training project elaboration method
NF X50-756:1995	Professional training. Training demand. Specifications for demand
NF X50-760:1995	Professional training. Professional training body. Offer-related information
NF X50-761:1998	Professional training. Professional training body. Service and provision of service: specifications
ファシリティマネジメント	
NF Z67-801-1:1995 NF Z67-801-2:1995	Information technology. Facilities management. 　Part 1 : Service specification 　Part 2 : Service implementation specification
金融サービス	
BS 8453:2011	Compliance framework for financial services firms
BS 9222:2007	Personal financial planning. Guidance on the application of BS ISO 22222 and assessment of compliance

表5.8 （続き）

規格番号	規格の名称
UNI 10970:2002	Service – Funds endowment: process of projects initial evaluation, monitoring and final evaluation – General requirements
UNI 11402:2011	Financial education of citizens – Service requirements
健康・医療関連サービス	
NF S99-13-7:2004	Physical Medicine and Rehabilitation – Early approach for integration – Service commitments
UNE 179001:2007	Quality in dental surgeries and dental services. General requirements
UNE 179001:2007 ERRATUM:2008	Quality in dental surgeries and dental services. General requirements
UNI 11031:2003	Services – Services for addicts in therapeutic communities and alcoholics – Service requirements
UNI 11034:2003	Early childhood services – Service requirement
メンテナンス	
DIN 15750:2011	Entertainment technology – Guidelines for technical services
NF P40-500:2001	Maintenance service activities for valves and fittings in housing schemes – Contribution to water consumption control
NF S61-922:1999	Service activities relative to the maintenance of portable, mobile and fixed extinguishers
NF X50-765:1998	Telecommunications. Radiotelephone and car. Service delivered by the radiotelephone installation engineers
NF X60-027:2010	Process of maintenance and bonds with the indicators
UNI 10144:2006	Classification of maintenance services
UNI 10145:2007	Definition of evaluation factors of services maintenance firms
UNI 10146:2007	Criteria to prepare a contract for supplying maintenance finalized services
UNI 10147:2003	Maintenance – Additional terms and definitions to EN 13306

表5.8 （続き）

規格番号	規格の名称
UNI 10148:2007	Maintenance – Management of a maintenance contract
UNI 10224:2007	Maintenance – Process, sub-processes and main activities – Fundamental principles
UNI 10366:2007	Maintenance – Design criteria of maintenance
UNI 10449:2008	Maintenance – Criteria to prepare and to manage the permit to work
UNI 10652:2009	Maintenance – Appraisal and evaluation of the goods condition
UNI 10685:2007	Maintenance – Criteria to prepare a maintenance global service
UNI 10992:2002	Maintenance budget for manufacturers and suppliers of products and services – Guidelines for the definition, approval, management and check
UNI 11063:2003	Maintenance – Definitions of ordinary and extraordinary maintenance
UNI 11126:2004	Telemaintenance – Criteria for the suitability of the items and for the definition of the related service
UNI 11136:2004	Global service for maintenance of buildings – Guidelines
UNI 11155:2005	Operational activities of enterprises – Performance measurement
UNI 11257:2007	Maintenance of buildings – Criteria for the drafting of plan and programme of maintenance of buildings – Guidelines
コンサルティング	
UNI 10771:2003	Management consulting – Definitions, classification, requirements and service offer
UNI 11166:2005	Management consulting – Guideline for selection of management consultant
UNI 11251:2007	Management consulting – Guidelines to deliver services of managing and organizational consulting and training from central and local public administrations

表 5.8 （続き）

規格番号	規格の名称
UNI 11369:2010	Management consulting – Guide for the classification of management consultants based on skill system
市場調査	
NF X50-057:2000	Quality of market surveys and opinion polls
温泉・化粧	
NF X50-915:2000	Hydropathic establishments (Spas) – Services to patients – Requirements and recommendations
DIN 77600:2004	Cosmetic services in perfumeries
UNE 186001:2009	Medical spas. Service provision requirements
調達・契約	
NF X50-010:2007	Service contract for gas-fired domestic boilers – Presentation of contractual documents
NF X50-011:2007	Service contract for domestic boilers with vaporizing oil burners – Presentation of contractual documents
DIN 5018:2011	Business forms – Forwarding instruction
UNI 11067:2003	Managing consulting – Criteria for service supply and check
UNI 11336:2010	Operational activities of enterprises – Preliminary evaluation of a project of outsourcing of services – Guidelines
BS 8463:2008	Specification for customer billing practice
受付サービス	
NF X50-575:2004	Reception – Outsourced reception services – Service commitments of reception service providers
リクルート	
NF X50-767:2001	Recruitment consulting firms – Quality of services
DIN 33430:2002	Requirements for psychological test procedures and their application in job related ability assessments
BS 8877:2011	Online recruitment. Code of practice

表 5.8 （続き）

規格番号	規格の名称
引越し・移転	
NF X50-815:1998	Furniture removal activities. Furniture removal for firms. Guidance for specifications and technical solutions development
BS 8522:2009	Furniture removal activities. Commercial moving services
BS 8564:2011	Overseas Removals
知的財産	
BS 8538:2011	Specification for the provision of services relating to the commercialisation of intellectual property rights
DIN 77100:2011	Monetary patent valuation
居住介護サービス・高齢者・障がい者対応	
NF X50-056:2008	Service for resident persons
NF X50-058:2003	Residential homes for elderly people – Ethical framework and service commitments
NF X50-783:2008	Accessibility – Insertion of disabled persons within establishments – Good practices for a disability-friendly policy
NF X50-796:2008	Availability of medical devices at home – Service commitments
SN 521500:2009	Barrier-free buildings
SN 640852:2005	Markings – Tactile-visual markings for blind and visually impaired pedestrians
UNI 11010:2002	Services – Residential and day services for disabled persons – Service requirements
レストラン	
UNE 167001:2006	Restaurant services. Management requirements
UNE 167002:2006	Restaurant services. Requirements for the maintenance of facilities and equipment
UNE 167003:2006	Restaurant services. Provision and storage requirements
UNE 167005:2006	Restaurant services. Lounge requirements
UNE 167007:2006	Restaurant services. Requirements for transport
UNE 167008:2006	Restaurant services. Bar requirements
UNE 167009:2006	Restaurant services. Kitchen requirements

表 5.8 (続き)

規格番号	規格の名称
小売り	
UNE 175001-1:2004 UNE 175001-2:2004 UNE 175001-3:2005 UNE 175001-4:2005 UNE 175001-5:2005	Service quality for small retail trade. Part 1: General requirements Part 2: Requirements for fishmonger's Part 3: Requirements for optician's Part 4: Requirements for butcher's and delicatessen Part 5: Requirements for flower shops
直販	
NF X50-788:2003	Direct selling – Service of direct selling enterprises
セキュリティ関連	
BS 7872:2011	Manned security services. Cash and valuables in transit services (collection and delivery). Code of practice
BS 7960:2005	Door supervisors. Code of practice
BS 7984:2008	Keyholding and response services. Code of practice
BS 8507-2:2009	Code of practice for close protection services. Services outside the United Kingdom
BS 8549:2006	Security consultancy services
DIN 77200:2008	Static guarding and mobile patrol services – Requirements
NF X50-777:1998	Private company prevention and security services. Surveillance services by posted agents, mobile agents and alarm-generated intervention services. Specifications of the services and their implementation
スポーツ・レジャー	
BS 8848:2007 +A1:2009	Specification for the provision of visits, fieldwork, expeditions, and adventurous activities, outside the United Kingdom
NF S52-409:2009	Sports equipments – On-site goal inspection procedure
NF S52-501 :2005	Bungee jumping – Service commitments of organisations providing the public with a bungee jumping activity

5. 進むサービス業の標準化

表 5.8 (続き)

規格番号	規格の名称
NF X50-726:1999	Quality and management of golf courses. Performance criteria for the quality of golf course services
UNE 188001:2008	Golf courses. Services requirements
UNE 188003:2009	Adventure Tourism
スキー関連サービス	
NF S52-100:2000	Ski runs – Alpine ski runs – Specifications
NF S52-101:2000	Ski runs – Cross-country ski trails, cross-country skiing itineraries and leisure areas – Specifications
NF S52-102:2000	Ski runs – Alpine ski runs: makers, signposts and information
NF S52-103:2000	Ski runs – Cross-country ski trails, cross-country skiing itineraries and leisure areas: markers, signposts and information
NF S52-104:2000	Ski tracks – Avalanche risk information – Avalanche flags
NF X50-007:2000	Winter sports equipment hiring service. Definition of the winter sports equipment hiring service
UNE 188002:2006	Ski and mountain stations. Services requirements.
運輸・輸送	
NF X50-600:2006	Logistics management – Logistic approach and supply chain management
SN 641822a:2009	Cost-benefit analysis of road traffic - passenger time costs
SN 641823:2007-06	Cost-benefit analysis of road traffic - time costs in freight transport
SN 641826:2008-01	Cost-benefit analysis of road transport, the operational costs of road maintenance
UNE 152001-1:2007 UNE 152001-2:2007 UNE 152001-3:2007	Guidelines on the application of UNE- EN 13816 to establish a service quality reference – 　Part 1: Regular long-distance transport by road 　Part 2: Regional regular transport by road 　Part 3: Regular suburban transport by road

表 5.8 （続き）

規格番号	規格の名称
公共サービス（上下水道）	
NF P15-900-1:2000 NF P15-900-2:2001 NF P15-900-3:2002 NF P15-900-4:2002	Local public services – Guidelines for service activities relating to drinking water supply and sewerage – 　Part 1: User services 　Part 2: Management of a sewerage network 　Part 3: Management of a sewerage treatment system 　Part 4: Management of drinking water system
NF P15-910:2001	Service activities relating to domestic sewerage purification in non-collective sewerage areas – Guidelines for a diagnosis of self-contained sewerage installations and for the contractualisation of their maintenance
車両関連サービス	
NF M88-500:2007	Installation and maintenance of LPG vehicles – Service commitments
NF X50-840:1995	Repair-touring activity. Repair-touring of lightweight vehicles. Service specifications
NF X50-841:1997	Repair-touring activity. Repair-touring of lightweight vehicles. Equipment and means specifications
UNI 11069:2003	Maintenance – Maintenance ratios for the vehicles in service on road, with limited distances to be covered and frequent stops
ウォータースポーツ	
NF X50-822-1:2005 NF X50-822-2:2005	Specifications for water sports activities – 　Part 1 : Trading and maintenance activity 　Part 2 : River and maritime rental activity
UNE 188004:2009	Tourism services on nautical sport facilities
書類のアーカイブ	
NF Z40-350 :2009	Archival – Archival services and external management of paper documents – Service and implementation of the service
その他	
BS 18477:2010	Inclusive Service – Identifying and responding to consumer vulnerability

表 5.8 （続き）

規格番号	規格の名称
BS 8477:2007	Customer Service – Code of Practice
NF X50-003:1997	After-sales service. After-sales service performed by the distribution networks, relative to household appliances and consumer electronics
NF X50-004:2001	After-sales service – Independent repair engineers and service providers operating on behalf of the distribution networks
NF X50-809:2004	Highways – Service quality of client welcome areas – Service commitments

備考 1. これらの規格は，日本規格協会で入手できる．
　　 2. BS：イギリス，DIN：ドイツ，NF：フランス，SN：スイス，UNE：スペイン，UNI：イタリア
（出所）**NORDIC INNOVATION REPORT** （2012）[14]から主要な規格を選択．

引用・参考文献

1) ISO ウェブサイト（Technical committees）による．http://www.iso.org/iso/standards_development/technical_committees/list_of_iso_technical_committees.htm（2012.12.12 閲覧）
2) 日本規格協会編著（2011）：広がるインフラビジネス―国際標準化で巨大市場に挑む，日本規格協会，に詳しい．
3) ISO Focus+，Vol. 3, No.3, International Organization for standardization, 2012.3
4) ESOMAR（2010）：GLOBAL MARKET RESERCH 2010 ESOMAR industry report European Society for Opinion and Marketing Research 200
5) 厚生労働省民間教育訓練機関における職業訓練サービスガイドライン http://www.mhlw.go.jp/bunya/nouryoku/minkan_guideline/ （2012.12.12 確認）
6) UNWTO Tourism Highlights 2012 Edition, United Nation World Tourism Organization, http://dtxtq4w60xqpw.cloudfront.net/sites/all/

files/docpdf/unwtohighlights12enlr_1.pdf（2012.12.12 閲覧）
7) Communication from the commission to the council and the European parliament, An Internal Market Strategy for Services An Internal Market Strategy for Services, http://eur-lex.europa.eu/LexUriServ/LexUriServ.do?uri=COM:2000:0888:FIN:EN:PDF（2012.12.12 閲覧）
8) Report from the commission to the council and the European parliament on the state of the internal market for services presented under the first stage of the Internal Market Strategy for Services, http://eur-lex.europa.eu/LexUriServ/LexUriServ.do?uri=COM:2002:0441:FIN:EN:PDF（2012.12.12 閲覧）
9) Programming mandate addressed to CEN, CENELEC and ETSI in the field of services, ftp://ftp.cencenelec.eu/CENELEC/EuropeanMandates/m340en.pdf（2012.12.12 閲覧）
10) Standardisation mandate for CEN and CENELEC for the drafting of a normative document on the quality of business support service, http://www.cen.eu/cen/Sectors/Sectors/Services/Documents/M370.pdf（2012.12.12 閲覧）
11) Second programming mandate addressed to CEN in the field of services, http://www.cen.eu/cen/Sectors/Sectors/Services/Documents/m371enAdonis21854.pdf（2012.12.12 閲覧）
12) directive 2006/123/EC of the European parliament and of the Council of 12 December 2006 on services in the internal market, http://eur-lex.europa.eu/LexUriServ/LexUriServ.do?uri=OJ:L:2006:376:0036:0068:en:PDF（2012.12.12 閲覧）
13) CEN ウェブサイト（Service）http://www.cen.eu/cen/Sectors/Sectors/Services/Pages/default.aspx（2012.12.12 閲覧）
14) NORDIC INNOVATION（2012）：*A study on services certification linked to service standards at national level in Europe*
15) CEN's Horizontal European Service Standardization Strategy　CEN ウェブサイト（CHESSS）http://www.cen.eu/cen/Services/Business/Value/CHESSS/Pages/default.aspx（2012.12.12 閲覧）
16) Stroyan James, Brown, N（2012）：Study on the implementation of service standards and their impact on service providers and users Final

report submitted by Technopolis Group, technopolis
17) CENウェブサイト http://www.cen.eu/cen/Sectors/TechnicalCommitteesWorkshops/CENTechnicalCommittees/Pages/default.aspx
18) DINのウェブサイト http://www.din.de/cmd?level=tpl-artikel&menuid=49589&cmsareaid=49589&cmsrubid 56731&menurubricid=56731&cmstextid=90454&2&languageid=en（2012.12.12 閲覧）
19) Innovation mit Normen und Standards, http://www.ins.din.de/cmd?level=tpl-home&languageid=en (2012.12.12 閲覧)
20) CEN Guide 15 Guidance document for the development of service standards ver 2012-02-01, CEN, the European Committee for Standardisation
21) （社）マーケティングリサーチ協会へのヒアリング調査，ISO 20252 認証協議会ウェブサイト http://www.jmra-net.or.jp/committee/iso20252.html（2012.12.12 閲覧）及び JMAQA ウェブサイト http://www.jma.or.jp/jmaqa/（2012.12.12 閲覧），JMRA PC 001: 2010, JAB PD358-2010
22) BSIウェブサイト http://www.bsigroup.jp/ja-jp/assessmentandcertification/managementsystem/standardsschemes/bs8901/（2012.12.12 閲覧）
23) BSI Japanウェブサイト http://www.bsigroup.jp/ja-jp/assessmentandcertification/managementsystem/standardsschemes/ISO29990/（2012.12.12 閲覧）及び JAMOTE のウェブサイト http://www.jamote.jp/（2012.12.12 閲覧）
24) テュフラインランドジャパン ウェブサイト http://www.tuv.com/jp/japan/home.jsp（2012.12.12 閲覧） ビューロベリタスジャパンウェブサイト http://certification.bureauveritas.jp/CER-Business/ISO28000/（2012.12.12 閲覧）
25) 住友倉庫ウェブサイト http://www.sumitomo-soko.co.jp/images/topics/1348735760/1348735760_12.pdf （2012.12.12 閲覧）
26) 公益社団法人全日本トラック協会 http://www.jta.or.jp/(2012.12.12 閲覧）
27) 社団法人全国個人タクシー協会 http://www.kojin-taxi.or.jp/ （2012.12.12 閲覧）
28) 一般社団法人留学サービス審査機構 http://www.jcross.or.jp/ （2012.12.12 閲覧）
29) 社団法人全国学習塾協会 http://www.jja.or.jp/ （2012.12.12 閲覧）

30) 日本エステティック機構　http://esthe-npo.org/（2012.12.12 閲覧）
31) 日本ネイリスト協会　http://www.nail.or.jp/（2012.12.12 閲覧）
32) 日本ライフデザインカウンセラー協会　http://www.counselors.jp/（2012.12.12 閲覧）
33) 一般社団法人シルバーサービス振興会　http://www.espa.or.jp/silvermark/index.html（2012.12.12 閲覧）
34) 財団法人医療関連サービス振興会　http://www.ikss.net/mark/index.html　（2012.12.12 閲覧）
35) 日本医療機能評価機構　http://jcqhc.or.jp/about/　（2012.12.12 閲覧）
36) 中谷巌（2012）：資本主義以降の世界－日本は"文明の転換"を主導できるか，徳間書店

6 標準化を上手に使いこなす

6.1 標準化で何が解決できるか

　本書では，前章までにサービス業の標準化の事例を見てきたが，結局のところそれらは，サービス提供者と利用者・関係者との間にある隔たりを，標準化を使って解決しようという試みといえる．それによって市場を作ったり，経営ツールとして活用したり，さまざまな展開を行っているとみることができる．各国もサービス業の重要性には早くから気付き，様々な取り組みを行っているが，サービスは一般に，サービスそのものが認知されにくいばかりか，内容や品質を明確化しにくいため，生産性・効率性や安全性等の観点から問題があるとわかっていても，それらを克服するのはなかなか難しいようである．事例でみたサービス業の標準化の取り組みは，まさにそのような困難を，標準化を使って克服しようという試みであるが，逆に言えば，そのような試みを再考すれば，大雑把ではあるが，サービス業に標準化を取り入れるための傾向と対策を読み取ることもできるかもしれない．以下に仮説を示す[1]．

a) サービスの認知・識別のために

　サービス業の特徴や現状を考えたとき，サービス提供者・利用者ともに共通の認識が形成されていない状況にあるならば，それを解

決するために標準化を利用すればよいのではないだろうか．例えば，サービスに関する用語，サービスの分類，等級などを標準化して規格としてまとめるのである．企業を取り巻く経営環境は急速に変化しており，それに伴って新しいサービスも次々と生まれている．例えば，高齢化社会の到来に伴い"デイケア"，"リハビリ"，"ウエルネス"とさまざまな言葉が登場するが，それらの意味を正確に理解している人はどれくらいいるだろうか．もちろん，規格を作って無理に枠にあてはめる必要はないが，利用者と提供者に情報の非対称性がある限り，取引は円滑にはならない．言葉の意味とともに"どのようなサービス"か，ある程度の目安が必要である．したがって，サービスの認知・識別のための規格が必要なのではないだろうか．

b） サービスの価値評価のために

サービス業の新規性・多様性を考えると，現状では，サービス内容そのものが多様化・高度化しているのと同時に，そのサービスの価値や品質に対する評価が曖昧なのではないだろうか．この曖昧さを回避するために標準化を利用すればよいのである．サービスの評価は，主観・感情による部分が大きい．そのために，ある人にとって"すばらしく"ても，他の人にとっては"余計なお世話"であることも少なくない．特にそのサービスが，今までにない新しいサービスの場合，果たしてどのようなサービスが"よい"サービスなのか，価値判断は非常に難しいものとなる．しかも，日本では，サービス事業者に対して過剰に便益とホスピタリティを求める傾向にあるとも言われている．"お客様のために誠心誠意"もよいが，限られた経営資源の中やみくもに手を広げることは不可能であり，そのようなことをしていたら，利益なき過当競争になってしまう．このような状況を解決する方法として標準化の利用は有効と思われる．例え

ば，サービスの品質を数値化するための測定方法・基準，顧客の満足度を数値化するための測定方法を規定した規格である．"○○の基準による□□級です．"と表示できれば，サービスの利用者・提供者ともに便利である．サービスの価値評価のために規格を利用するのがよい．

c) 安全・安心の確保のために

古くからあり，多くの人に認知されているサービスならまだしも，最近新しく登場したサービスの多くは発展途上であり，社会一般に広く信頼が定着していない面も否定できない．信頼性を確保するためには，価値基準を規定した規格も必要であるが，その前に，多くの人が安心してサービスを利用するには，仮にサービス内容こそ期待外れであったとしても，"最低限の安全は確保できる"という"安心の確保"が先決である．ここで第3章で述べたサービスの特徴を再考してみると，その特徴から，どうしても利用者と提供者との間に情報の非対称性が生まれやすい．これは，生産と消費が同時であり，利用者は製品のように実際に見て触って判断することができないからであるが，結果として利用者は，"本当に利用して大丈夫だろうか"と不安に陥ることになる．したがって，ある程度の安全を保障する目安としての規格，例えば，品質基準，人的評価，教育，リスク管理，保証，紛争処理等の規格が整備されていれば，不安も半減される．これらの規格を作成し，上手にサービス業に取り込めば，サービス提供者・利用者の双方に安心をもたらすことができる．

d) 取引のインターフェースとして

サービス業においてもまた，契約・外注等の取引の円滑化のための標準化の利用が有効と思われる．社会の多様化・高度化に伴い，

高度なプロフェッショナルサービスに対する需要は増大している.前述のオープンイノベーションでもわかるとおり,従来のように自社で何から何まで行うことはなく,それぞれの専門に特化して付加価値を生み出すとなれば,外注は必然的に増える.国際化も急速に進んでいる中,国境を越えた契約や外注等の取引も増えている.こうした状況では,受発注における条件の摺り合わせも多様化し,取引や契約も複雑化する一方である.放っておけば不要に多様化・複雑化が進み,取引が非効率化してしまう現象を食い止めるのも,標準化の有効な利用方法であり,製造業では広く用いられている.製造業では,製品仕様や試験方法の規格が作られているが,サービス業においても,同様の方法を応用すればよい.取引のためのインターフェースとしての規格が必要である.

e) 信頼性確保のために

具体的な製品が残る製造業に比べると,サービス業の場合"信頼性の確保"と言っても"何が信頼性なのか"不明確なことが少なくない.この問題の解決にも標準化を利用したらどうだろうか.サービスの多くは同時性が強く,実際に使ってみないと内容がわからないうえに,個々人の感情や好き嫌いによって評価や品質が決まることが多い.そのため,信頼性といっても,そもそもサービスの評価事態も曖昧な要素が多い.そのような状況では,どんな優れたサービスであっても,信頼性の確立には多くの時間と費用がかかる.しかも,プロセス型サービス以外のサービスについては,サービス自体のプロセスを標準化することにはまだ多くの課題がある.したがって,サービス業に応用できるマネジメントシステムの規格などを上手に活用し"サービスを提供するための仕組みが整っている"とことを客観的に示し,"仕組みが整った組織から提供されるサー

ビスであれば（多分）大丈夫だろう"という見地から，間接的に信頼性も高めるのがよい．

表6.1に上記の説明をまとめた．

表6.1 利用者・提供者の立場から見たサービス業に関する標準化ニーズ

	認知・識別	価値評価	安全・安心	取引のインターフェース	品質保証・信頼性
提供者のニーズ	・内容を明確に伝達できる． ・利用者からの正確な認知	・ベンチマーク ・差別化 ・客観的評価が得られる．	・提供時の安全/安心の確保 ・加害者責任の回避	・受発注業務の効率化/合理化 ・サービスの活用が容易に ・外注の活用	・他社との差別化 ・社会的信用 ・透明性の確保
	何をして，何が求められているのかを明確にする．信頼性・品質の向上と業務効率化．					
利用者のニーズ	・提供者とそのサービスの正確な把握	・選択しやすい． ・実態がわかりやすい． ・客観的評価が得られる．	・利用時の安全/安心の確保 ・事故防止	・受発注業務の効率化/合理化 ・サービスの活用が容易に	・利用時の安全 ・信頼性確保 ・社会的信用
	選択のしやすさと安全・安心の確保．コスト削減．				
必要な規格の候補の例	・用語 ・分類方法 ・等級付け ・顧客/利用者の分類　等	・用語 ・測定方法 ・数値化の方法 ・人的資源 ・顧客満足度　等	・保証 ・紛争処理 ・人的評価 ・教育 ・リスク管理　等	・用語 ・取引基準/手順 ・契約 ・外注　等	・組織 ・内部統制 ・認証/認定 ・マネジメント ・リスク管理　等

（出所）（財）日本規格協会（2011）調査研究室[1]

6.2 マネジメントシステムの利用

再三にわたって登場するマネジメントシステムであるが，サービス業の信頼性を確保するには，現時点では，これを上手に利用するのが最も現実に則したやり方と思われる．サービスそのものではなく，"サービスを提供する企業などにおいて，一定のサービスを提供する環境（サービスを提供する組織内部の仕組み・責任体制等）が整っているかどうか"という観点から標準化を活用するやり方である．いわば，中身がわからなくても，入れ物，すなわち，それを作るための組織から攻める方法である．このやり方であれば既に社会に受け入れられており"サービス業のための標準化"といっても違和感は少ない．事実，新しいマネジメントシステムの規格が次々生まれている．

ただし，マネジメントシステムの認証については，一部で批判や嫌悪感があるのも事実であり注意が必要である．ただでさえわかりにくいのに，サービス業は中小企業性が高く，標準化の考え方そのものや，標準化のメリットやデメリットも認知されていないことも多い．しかも，業務のやり方や習慣も多種多様で，一律に既存の認証制度をそのまま導入することは現実的ではない．そのため，例えば，既存の業界団体の基準や認証制度を土台にしながら，段階的な導入を行うなどの工夫が必要であろう．いきなり完全な認証を目指すのではなく，サービスの一部のプロセスだけの認証も行い，慣れてきた段階でプロセス全体に広めるといった方法も考えられる[1]．さらに導入に当たっては，当分の間は，国などによる公的な補助・後押しも必要だとの声も少なくない．認証制度を利用する場合，認証を取るまでの準備やメンテナンスの負担は大きい．しかも，認証システムは，多くの人に認知されて認証数が増えない限りあまり効果は

期待できない．しかし，だからといって誰も利用しなければ認証制度そのものが成立しない．客観性・信頼性を確保するという意味も含めて，特に日本の場合は，国などによる公的な"お墨付き"を得て，その信用力を用いるのも有効と思われる

6.3　標準化を上手に利用するための切り口

"標準化で何が解決できるのか"について方向性が見えたとしても，そもそもサービス業については既存の規格も少なく前例もなくなじみも薄い．しかもサービスは多様性が富むばかりか，同じサービスの中にもいろいろな要素が含まれており，どの部分をどのように標準化を利用すればよいのか見当がつきにくい．つまり，具体的にどのようにアプローチすればよいのかもイメージしにくい．そこで利用するのが，第3章で挙げた，サービスの基本や，ビジネスとして見落とせない切り口である．それらを通して考えれば，サービス業において標準化を上手に使うためのアプローチを読み取ることができる．以下にいくつかの仮説を示してみたい．

6.3.1　サービスの対象と範囲

サービスの場合，誰が，どのようなサービスを何のために標準化しようとしているのか，これを意識して明確にする必要がある．実際に目に見えて，触って確認できる製品と異なり，サービス業の取引には，権利の移転を伴わず，購入前には評価が困難であり，生産と消費が同時である．そのため，サービスに関する規格を作成する場合の議論では，標準化の対象や範囲といった，製造業では比較的簡単に決まることであっても，コンセンサスを得ることが必ずしも容易ではないことが多い．例えば，提供されるサービスの評価を規

定する場合でも，誰が，いつ，どのような形で評価するのかは予想外に難しい．また，一般的にサービスのプロセスそのものがサービス事業者のノウハウであることも多く，標準化の対象や基本コンセプトさえもなかなか明確にはならない．

　製品の場合，極端な話，製品さえ良ければ，それをどう使うかは利用者の勝手である．しかし，サービスでは，無形性・同時性等の視点はもちろんとして，それ以外にも例えば，B to B（business to business），B to C（business to consumer）といった概念を使って，サービスの対象と範囲を明確にしなければならない．"サービス"といっても消費財もあれば産業財もある．ホスピタリティもあれば機能もある．それらを混合していたら，議論は明確にならない．

6.3.2　製品とサービスの融合

　サービスと製品とは協働しており，サービスと言っても，多くの場合，無形物と有形物が互いに入り組んでいる．確かにサービス自体は無形物であるが，多くの場合，製品を介在しており，しかも，製品とサービスの融合が進んでいることは，前に述べたとおりである．そのため，サービスの標準化を行おうとしても，対人関係が重要な要素となる仕事以外では，サービスそのものが，サービスを生み出す製品に隠れてしまうことも少なくない．そのため，標準化の対象が，製品なのかサービスなのか混乱してしまうことが多いように見受けられる．

　サービスの多くは，人間の知識や職能と物的資源との両方に依存しており，両者は融合の度合いをさらに進めている．無理に分離しようとすると混乱する．主に人的経営資源に依存する"ヒューマンリソース型"なのか，主に物的資源に依存する"ハードリソース型"なのか，という切り口からサービスを見直し，多くの場合は，製品

とサービスが一体となって,トータルで付加価値を生み出しているという視点からアプローチするのがよい.

なお,トータルでの付加価値については,やはりビジネスのプラットフォームをいかに作るかにかかっていることであるといえる.従来の経営戦略論などでは,サービスは,製品のおまけのように扱われることが多かった.競争優位の根源はあくまでも製品であることが多かった.しかし,もはやそれでは,利益が出なくなることは第1章で確認したとおりである.ヒューマンリソース型サービスも,ハードリソース型サービスも,そして製品そのものも,自社のものも他社のものも,すべてを統合したインテグレーターとして,付加価値を創造することが鍵となる.

6.3.3 プロセス型サービスとプロフェッショナルサービス

サービスには,プロセス型サービスとプロフェッショナルサービスという2種類サービスがあり,これら2種類のサービスは,アプローチがかなり異なっている.プロセス型サービスは,業務が比較的定型的で,プロセスやテンプレートなどの仕組みのアウトプットとしてサービスが提供されるため,人による差異を,仕組みを使って均一化するアプローチである.一方,高度な専門性を必要とするプロフェッショナルサービスは,人による差異を前提として,有能な人からいかにその能力を引き出すかが勝負のアプローチである[2]. にもかかわらず,この二つは,同一のサービスの中に取り込まれているため,標準化の導入を複雑なものとしている.例えば,病気を治療するという,病院における医療サービスを考えた場合,医師による診察そのものは,患者一人一人の状況に応じた,高度な専門知識を駆使したプロフェッショナルサービスである.しかし,例えば,

待ち時間の少ない窓口対応や,病院の運営のための事務作業などには,ルーチンワークも多くプロセス型サービスが多く含まれている.まず,この二つを明確に切り分けるところからアプローチする必要がある.

a) プロセス型サービス

プロセス型サービスであれば,生産管理・品質管理は製造業と同じである.製造業で使っていた手法をそのまま使って,プロセスそのものを数値化し,定型化・マニュアル化を進めればよい.既に製造業において実績のある,工程管理や数値化したデータの統計的な処理,分析方法などの規格が多数あるので,サービスのプロセスを分析して,数値に落とし込んだうえで"カイゼン"すればよいと考えられる.しかも,これについては,既に様々な標準化の事例がある.コンビニエンスストアや,ファストフードなどの事例はその典型であるし,SUICAを導入した鉄道会社の事例もこれにあたる.この方法であれば,いわゆる"規模の経済"の恩恵に預かることができるばかりか,文化や風俗・習慣の違いも標準を使って乗り越えることできる.規模の経済が働けば,組織を大きくして生産性を高めることができる.海外進出等も容易になる.

先ほどの病院の例もそうであるが,多くのサービス業は,プロセス型サービスとプロフェッショナルサービスが混同しているため,標準化・品質管理という発想はなかなか相容れにくい.しかし,プロセス型サービスであれば,可視化,数値化も容易であり,製造業の標準化を利用したノウハウの導入はそれほど困難でもない.

b) プロフェッショナルサービス

プロフェッショナルサービスについては,マネジメントシステム

などを中心に標準化を導入したらどうであろうか．プロフェッショナルサービスは，高度な専門知識や経験を駆使した人のマネジメントであり，人の能力に依存した臨機応変な対応を行うサービスである．我々が想像する"サービスがよい"という言葉の印象は，どちらかと言えば，プロフェッショナルサービスであり，医師による治療や弁護士による高度な法務サービスに加え，小売店の店員の豊富な商品知識や，高級旅館で絶妙なタイミングでさっと荷物を取り上げる気遣いなども，プロフェッショナルサービスといってよい．したがって，サービス内容自体の標準化を図るのは難しいばかりか，標準化したらサービスは台なしである．ちなみに，海外に比べて，日本のサービスが至れり尽くせりで，なかなか心地よいものだと感じるのはこのあたりに原因がある．ディスカウント店の店員が，客の求めに応じて店内を走るのは日本だけであろう．実際には走っても歩いても数秒しか違わないのであるが，印象は全く違う．一方で，日本の消費者が過剰なサービスを求めすぎ，結果としてサービス業の生産性が上がらない原因もまた，この辺に原因がありそうだ．

　いずれにせよ，プロフェッショナルサービスは，数値化できない利用者の認知や好みの等の問題に大きく依存しており，客観的な評価基準を確立するには，社会的なコンセンサスも十分とはいえない．したがって，サービスを正しく提供する組織運営の仕組み，すなわちマネジメントシステムの標準化がよい．しかも，マネジメントシステムの標準化については，多くの経験や実績もある．そして，プロフェッショナルサービスそのものは，じっくりと時間をかけて検討するのがよい．

6.3.4　品質と顧客満足

　製品の場合であれば，品質と顧客満足の違いについて，前者が客観

的で直線的なスペックで良し悪しを議論できるのに対し，後者は主観・感覚が中心であり，両者を明確に区別できる[3]．しかし，サービスの場合，プロセス型サービスとプロフェッショナルサービスが混在しているため，品質と顧客満足の違いを明確に区別することが難しい．プロセス型サービスはともかく，プロフェッショナルサービスの場合，高度な専門知識を駆使した臨機応変な対応や，ちょっとした気遣い等のホスピタリティなどのように数値化できない顧客満足と品質との厳密な仕分けが難しいからである．顧客満足度指数を用いて，利用者の主観や感覚を数値化して品質に置き換える方法がなくもないが，消費者の要求を無限に聞くこともできないし，そもそも人によって感じ方が異なっている．

　したがって，ここでは，両者を混同せず，とにかく大雑把でもよいので，客観的で直線的なスペックで評価できる要素と，感覚・主観による評価が大きい要素に分けるとことから始めればよいのではないか．幸い前者は，プロセス型のサービスが多く，後者はプロフェッショナルサービスに多い．機能としてのサービスの品質と，顧客満足を仕分けしたらどうだろうか．乱暴な議論ではあるが，製造業の標準化であっても，客観的・直線的な評価基準，例えば故障率が少ないとか，画面の解像度が高いとか，客観的で直線的なスペックを満たしたからといって，必ずしも顧客満足度が高いとも限らない．サービス業においても同じであろう．

6.4　どこから手をつけたらよいか
　　　——アイディア

　必要な標準化を利用するためのアプローチがある程度見えたとしても，毎日の仕事に忙殺される現場では，標準化の具体的な導入は，

まだ敷居が高いかも知れない．ヨーロッパでサービス業の標準化が進んでいるとはいえ，全体から見ればごく一部であるし，JISのように日本語で書かれた大規模で体系的な規格はない．とはいうものの，自ら慣れ親しんだやり方をいち早く市場のルール（デファクト規格）にしてしまえば，市場競争を優位に展開できる可能性は高い．また，試行錯誤を繰り返しながら先んじて標準化の利用の経験を積んでおけば，他社との競争が始まる前に，標準化の利用に熟達することもできる．

以下はアイディア段階で，実現性などを検証したものではないが，手っ取り早く行動を起こすための仮説をいくつか示す．

a) 既存の業界団体の制度の利用

日本では，広告・旅行・運輸・学習塾などのサービス産業の業界団体において，既に多数の自主規制・基準があり，独自の認証制度を用いて第三者認証を行っている団体も存在する．これらを積極的に活用したらどうだろうか．

サービス業に従事する関係者等と標準化についての議論をすると，製造業的な視点で見れば限りなく規格に近い業界内のガイドラインを持っているにもかかわらず，そういったルールやガイドラインの整備が"標準化活動"であるとの認識さえないことも多い．彼らに確認すると"これが規格になるのですか？　規格というのは，こう，何ミリメートルとか何ボルトとか，そういう，もっと具体的なものだと思っていました．でも，確かに，ISO 9001も工業規格なのですね．うちも，認証とか取っていますけど…"という反応も少なくない．つまり，自ら特に意識せず，知らない間に標準化活動を行っているにもかかわらず，"標準化"という認識がないのである．結果として，製造業のように標準化を戦略的に使いこなそうという考

えには及んでいない．もったいない限りである．土台はできあがっている．既存のガイドラインを少し手直しするだけで，すぐに"規格"を作ることも可能である．

b) 社内標準化とプロセス型サービス

"標準化"，"規格"というと，JISのような公的な標準を連想してしまうため，大きなコンセンサスの必要性を考えてしまうことが多いようにも思われる．しかし，たとえ特定の社内だけでしか通用しない社内規格の整備でも立派な標準化活動である．プロセス型サービスの定型的な業務の場合であれば，例えば，伝票のフォームを決めるだけでも能率を上げることができる．社内でも範囲が広すぎるなら，部内でも課内でもよい．身近な範囲内であれば，大きなコンセンサスを得る必要はないし，失敗しても軌道修正は簡単である．そして，上手に軌道に乗ったやり方だけを，徐々に広げればよいのである．

また，標準化の利用を始めるのであれば，プロセス型サービスから始めるとわかりやすい．しかも，これであれば，製造業のノウハウをそのまま移植できる可能性が高く，仮に自社内にノウハウがなければ，外部のコンサルタントの利用もしやすい．少し大規模な事例となってしまうが，有名な例としては，越谷郵便局での試行を皮切りに，日本郵政公社（当時）が，トヨタの生産方式を導入して業務の改善を図った例がある．まさに，製造業のノウハウをサービス業に取り入れた例であるが，藤本ら（2007）によれば，郵便集配とトヨタ自動車による自動車の組み立ては一見すると随分違うため，一部のマスコミだけでなく郵便局の内部をよく知る部内者からも"トヨタ方式は通用しない"との声が出ていたが，"なるほど"というカイゼンが行われ，トヨタ的なモノ作りの応用力が発揮されてい

るという[4].

 さらにこの発想を進めて，プロフェッショナルサービスを思い切ってプロセス型にしてしまう方法もある．歴史的に見れば，プロフェッショナルサービスが，プロセス型サービスにどんどん置き換わっていき，それによって大規模化を可能とし，事業を拡大し，生産効率を高めて競争力をつけていくという大きな潮流がある．例えば，外食産業は，もともとはどちらかといえば，プロフェッショナルサービスの要素が大きかったが，マクドナルドやファミリーレストランのような形態がどんどん広がっている．また，従来は高度な"目利き"力を必要とされた古本の買い付けについても，ブックオフ[5]のように思い切ってプロセス型サービスに変換している例もある．さらに現在では，翻訳のような，従来誰が見てもプロフェッショナルサービスと思われていたサービスも，優秀なソフトウエアの登場によって一部はプロセス型サービスになろうとしている．もちろん，伝統的なホスピタリティを重視したサービスの心地よさを否定するものではないし，小規模なうちは，規模の経済が働きにくく，プロフェッショナルサービスのほうが付加価値が高く利益率も高いことが多い．しかし，情報通信技術の急速な普及によって，かつてないほど，プロフェッショナルサービスがプロセス型に変換されやすい環境が身近なものになりつつある．プロセス型サービスになってしまえば，製造業の伝統的な標準化の手法を使って生産効率を上げ，大規模化して競争力を上げやすい．とはいうものの，いくらプロセス型サービスは標準化となじみがよいとはいえ，一朝一夕にノウハウを蓄積できるほどたやすいわけではない．うまく軌道に乗せるには，製造業が試行錯誤しながら"仕組み"を作り上げたプロセスを追体験することになる[4]．歴史的にそういった流れがあるのなら，ライバルに先を越される前に，先んじて，プロフェッショ

ナルサービスをプロセス型サービスに置き換え，コスト競争力を付けるのも一案である．

c) 規格作成の方法論の整備

　これは公的機関や規格協会のような標準化機関の仕事であるが，標準化といえば製造業であった時代が長かったためか，サービス業に関する規格作成の方法論が確立しておらず，そのためかサービス業に対しては"標準化"はなじみがなく，標準化を利用できる場面であっても，必ずしも上手に活用されていない現実があるような気がしてならない．ヨーロッパ規格協会（CEN）が 2012 年に発表した，CEN Guide 15（サービスの規格を作成するためのガイド）では，"標準化"の根本的な思想は同じでありながらも，製造業の規格の考え方とはかなり趣が異なっている．性能や検証方法より，むしろ，サービスの基本的構成要素（5W1H）から始まり，サービスの規格には何を取り込まなくてはいけないか，サービスの規格とマネジメントシステムの関係，人材など，規格をまとめるための着目点が並べられている．このような考え方を広く普及させる必要がある．

　プロセス型サービスであればよいが，プロセス型サービスとプロフェッショナルサービスが入り組んだ現在のサービス業に，既存の製造業の規格の作成論をそのままあてはめようとしても無理があるように思われる．製造業で使う規格の基本は品質と性能であり，性能は必要な実用特性を定量的に規定しなければならない．これは，例えば"十分な強さをもつもの又は適切な強度をもつもの"という表現では，抽象的で製造業者による製品の品質保証が担保されないからである．また，性能を定める以上，それを確かめるための試験方法が必要であるが，サービスの場合，代用特性を見つめることも，それを測定・検証する試験方法との対応させることも必ずしも容易

ではない．標準化という目的こそ同じであっても，サービスの場合，特性やそれを検証するための試験方法などを明確に定めるための方法論が確立しておらず，今のまま製造業で使う規格作成の方法論をあてはめても，実際にドラフティングをする段階でつまずいてしまうと思われる．サービス業の特徴を考えたうえでの日本版の"サービスの規格を作成するためのガイド"の整備も必要である（表6.2参照）．

表6.2 規格作成のための整理（仮説）

産業	サービス業（第三次産業）*		製造業（第二次産業）
	プロフェッショナルサービス	プロセス型サービス	
特徴	内容が成約時点ではプロセスが不確定で，サービスを提供する人の能力にゆだねられる高度なサービス	購買判断をする時点ですべてのプロセス・内容・結果があらかじめかなり決まっているサービス	一般的に，顧客は製品を見て，触って評価できる．
付加価値	無形財中心		有形財中心
規格中の基本的な要求事項	その業務を行うために必要な要件・プロセス等		製品・部品・素材の性能，構造，安全性など
規格中の基本的な代替特性	定性的な表現でしか規定できない？	具体的仕様にしやすい	具体的仕様とする．（寸法・構造・硬さ）
プロセス，手順アウトプット	定量化しにくい（定性的）？	定量化しやすい	
パフォーマンスの測定	定性的な測定？	具体的で定量的な測定・試験	
検証方法	定性的な検証？	具体的で定量的な検証	
顧客満足と品質	顧客満足と品質が混同されやすい	品質だけを客観的に取り出しやすい	

表 6.2（続き）

産 業	サービス業（第三次産業）*		製造業（第二次産業）
	プロフェッショナルサービス	プロセス型サービス	
業種の例	法律事務所 会計監査 コンサルティング 建築設計 広告クリエイティブ 医療 投資顧問 高級レストラン　等	ハンバーガーチェーン ファミリーレストラン コンタクトセンター リテールバンキング 保守・運用 デイケア 葬式 宅配等の単純輸送　等	製造業の生産部門全般
業務の傾向	高度な内容 頭脳集約型	オペレーション勝負 規模の経済が出やすい 労働集約型	（製品・部品・素材によるが）規模の経済が出やすい
利益傾向	高いことが多い（ただし大規模化はしにくい）	薄利多売傾向になりやすい	製品・部品・素材のコストや設備投資が大きい
対　策	コアサービス以外のプロセス部分を切り出し標準化するとよい	従来の標準化手法	ただし，高品質な単品の大量生産では利益に限界

* サービス業の分類，業種の例は今枝（2010）を用いた[6]．ただし，同じ業種でも，プロフェッショナルサービスとプロセス型サービスは入り組んでいる．
（出所）　筆者作成．

コラム8　標準化は進めるだけが能ではない

　本書は，基本的には"標準化を進めて，それを上手に使おう"という立場で書かれているが，実はあえて標準化をしないことも立派な標準化戦略である．

　最も有名な例は，ひげ剃りと替刃の関係であろう．筆者は，あるときアメリカのとある街角で，1ドルで歯ブラシを買ったのであるが，そこには，ずっしりと重いアルミ製の上等なひげ剃りが"おまけ"として付いていた．日本で買ったらちょっと高そうなものである．しかも，歯ブラシだけ単独で買うと1ドル25セントなのに，ひげ剃り付きだと1ドルちょうどなのである．まだ若かった筆者は，大喜びで1ドルの歯ブラシを買ってきたのであるが……．それから早くも10年以上経ったが，"立派な"ひげ剃りの軸は未だに寸分の狂いもなく働き続け，その間ずっとメーカー指定の替刃を買い続けている．なぜなら，他のメーカーのものは使えず，そのメーカー指定のものしか合わないからである．もちろん，店には，いろいろなメーカーの替刃が並んでいる．

　同様の事例は，プリンターの換えインクやコピー機のトナーカートリッジなども有名である．機械そのものは安く供給しても，その機械を使う限りインクやトナーが必要になるし，形状が異なっているので他のメーカーのものは使えない．したがって，メーカー指定のものを買い続けるしかない．

　標準化は何でも行えばよいというものではない．自らが不利になるのであれば"あえてしない"のも立派な標準化戦略である．自社があえて標準化しないものが，他で標準化されそうになったときは，全力でそれをつぶさなければならない．逆に言えば，なかなか競争に勝てない苦手分野については，積極的に公的な規格を策定して，ライバルたちの手の内をさらけ出してもらうようのもよいかもしれない

　何となく道徳に反するような気になってしまうが，厳しい国際競争においては，ルールを守ってその範囲内で活動する限り自由競

> 争である．何らやましいことはない．正直そんな連中とはつきあい
> たくもないとも思わないではないが，競争相手は世界中どこにいる
> のかわからない．

引用・参考文献

1) (財)日本規格協会 (2011)：平成 22 年度標準化調査研究室調査報告 "サービス産業の標準化について－標準化動向の検討と今後の方向性"
2) 今枝昌宏 (2010)：サービスの経営学，東洋経済新報社
3) 中村陽人 (2007)：サービスの品質の測定尺度に関する実証研究－SERVQAL の再検討－，横浜国際社会科学研究，Vol.11，No.6
4) 藤本隆宏＋東京大学 21 世紀 COE ものづくり経営研究センター (2007)：ものづくり経営学－製造業を超える生産思想，光文社文庫
5) ブックオフグループ　http://www.bookoff.co.jp/　(2012.12.12 閲覧)
6) 今枝昌宏 (2010)：サービスの経営学，東洋経済新報社

7 どんなサービス業が期待できるか

　この章では，数あるサービス業の中，今後の成長が期待される産業にはどのような産業があるのかを考えてみる．本書では，サービス業の重要性が増してきたこと，そして，サービス業の生産性を上げるための標準化の利用などをいくつかの事例とともに記載したが，どちらかといえば抽象論であり，具体的に今後どのようなサービス業にそれらが有効なのかについてはあまり触れていない．そこで，この章では，今後大きな発展が見込まれるサービス業について考えてみる．

7.1　成長産業のキーポイント

　産業の発達の潮流や各国の事例を振り返ると，好き嫌いにかかわらず，サービス業のニーズが高まる傾向についてはほぼ間違いないとみてよい．となると問題はビジネスとして成功するかである．崇高な理念を掲げたとしても，継続的に利益を上げることができなければ，成功はあり得ない．あわせて雇用の確保や市場の創造がなければ，産業としての発展もない．

　まず重要なことは，新しい産業の生産性が，衰退しつつある産業の生産性より高くなくてはならないことである．簡単に言えば，新しい産業の賃金が，旧来からある産業の賃金より高くなければなら

ない．一般に新しい産業は，試行錯誤を繰り返し，軌道に乗るまでは生産性が上がりにくいが，賃金や生産性の問題を解決しない限り，新旧の産業が交代しても全体としては貧しくなるだけである．国際的な競争力を確保することもできない．ただ，現状を見ると，この課題の克服はなかなか一筋縄ではいかなそうでもある．

　また，再三にわたって言及したとおり，製造業とサービス業とを別個に考えるのではなく，製品とサービスとは一体化して，トータルソリューションとして勝負をかける戦略に考え切り替えることが肝心であろう．従来，日本の強みだった，製品を安く大量に生産して輸出するビジネスモデルは新興国にとって変わられた．人件費の安い新興国と同じ土俵で勝負しても勝ち目はない．従来のように"製造業は有形財だけ"，"サービス業は無形財だけ"と考えても，それで成功するのは，特定の限られた分野だけである．そのため，高付加価値なサービスの割合を高め，他社が簡単に真似できないような仕組みを確立する必要がある．また，たとえ特定の製品やサービスに特化したとしても，生産から消費までそれぞれの段階において，消費者に対してどのように付加価値を付けるかを考え，全体としてソリューションを提供できない限り，消費者には受け入れてもらえない．

　さらに一つ新しいポイントとして考えられるのが，現在社会の抱える問題を解決するシステムを構築するビジネスである．東日本大地震による原子力発電所の事故によって，はからずも顕在化してしまったエネルギー問題や，少子高齢化の問題，若者の雇用の確保などの問題を解決するためのビジネスに関しては，確実なニーズがある．とりわけ少子高齢化の問題等については，消費者となる国民の年齢分布が，いつごろどのようになるのか，統計を見れば，かなり正確に知ることができる．おそらく，経済・経営系分野において，

これほど正確な未来予想は他にないだろう.利用しない手はない.

7.2 政策からみる潮流

サービス業の重要性・将来性については,国も大いに注目しており,サービス業を今後どのように伸ばし,その生産性を高めていくべきか,真剣な検討が行われている.発表された経済政策を振り返ってみると,具体的にどの分野に潜在需要があるのかも目安を付けることができる.一般に,国の産業政策は,勇ましいことを言う割には,よく見ると妥協の産物だったり,総花的で焦点が定まらず,"言い放し""やりっ放し"だったりすることもあるので十分な注意が必要である.しかしそれを踏まえれば,参考にするに十分な資料であることもまた事実である.

主なものをレビューしてみると,例えば,経済産業省は,2005年に"新産業創造戦略"を発表しているが,その中の重点7分野のうちの3分野を,健康福祉機器・サービス,ビジネス支援サービス,環境機器・サービスにあてている[1].また,地域再生の産業分野として,地域サービス,すなわち観光の重要性を説いている.さらにその翌2006年には,"経済成長戦略大綱"を発表し,今後発展が期待される重点サービス6分野として,健康・福祉,育児支援,観光・集客,コンテンツ,ビジネス支援,流通・物流を掲げている[2].そして,需要の創出・拡大,生産性の向上などから重点的に政策を講じることによって"2015年までに,70兆円の市場規模拡大を目指す."という大目標を掲げている.本書の発行は2013年であるが,その後どのように推移したのか.同様の政策はその後も継続され,"産業構造ビジョン2010"では,従来日本が得意としていた高品質な"製品の単品売り"から"システム売り"への転換や,日本の

文化に根ざした"文化付加価値"の重要性を提言している[3]．これもまた，製品とサービスの融合したことを強く意識したものであり，戦略分野として，水・鉄道等のインフラ関連／システム輸出，スマートグリッド等の環境・エネルギー課題解決産業，ファッション，コンテンツ等文化産業，医療・介護・健康・子育てサービス，ロボット，宇宙等先端分野等を挙げている．さらにこの政策は，2011年に発表された産業構造審議会新産業構造部会から発表された中間整理（～"やせ我慢"から"価値創造"へ～)[4]にも引き継がれている．枝野（元）経産大臣自らが命名したと言われる[5]．何とも崖縁まで追い詰められたようなタイトルには驚いてしまうが，いずれにせよ"『攻め』の空洞化対策"による新産業創造として，医療・介護，医療周辺・健康関連サービス等のヘルスケア産業，蓄電池・節電サービス等の新たなエネルギー産業，農業・観光・コンテンツ等のクリエイティブ産業，インフラ，次世代自動車等総合力で高い信頼性を得る分野，高いブランド力を確保する分野，高機能素材・部品等のグローバル・ニッチトップ分野というような分野の必要性が繰り返されている．

　こうして並べてみると，毎回同じような内容が繰り返されているだけという見方もなくはないが，逆に言えば，実現はともかく，既に方向性はわかりきっているという見方もできる．そして，重点分野として挙げられた6項目のうち，純粋な製造業はわずか1項目であり，他の分野は，すべて製造業とサービスが融合したトータルソリューションとしての付加価値を追求している．付加価値に占めるサービスの割合がますます高くなっているという認識が裏付けられる．

　また，産業構造審議会新産業構造部会の資料によれば，今後の成長分野を考えるうえで，次のポイントを挙げている．それは，日本

社会が直面している課題を解決すること,我が国の成熟した文化や感性を活用すること,そして,次世代自動車・航空機・宇宙産業等の先端産業にも成長の余地があるということである.これらをサービス業の観点から見ると,少子高齢化に対応するための医療周辺のヘルスケアサービスや子育てサービスと,スマートコミュニティの本格導入に向けたエネルギーマネジメントに関するサービスに直結しているとも言える.また,クールジャパン,観光にもつながるファッション・コンテンツ・食等などのクリエイティブ産業も,サービスの比率が高い.さらに,製造業においてもサービスの割合がますます増えている.

こうして駆け足で振り返ると,少しずつ変化はあるものの,想定されているサービスの潜在的にニーズ増加の傾向は,ここ7〜8年の間の大きな変化はほとんどないことがわかる.端的に言えばキーとなるものが何なのかははっきりしている.すなわち,生活充実型サービス,健康・福祉関連サービス,育児支援サービス,観光・集客サービス,コンテンツ等の産業と,ビジネス支援サービス,流通・物流サービス等である.しかもこれについては,細かい部分について議論はあるものの,大筋ではあまり異論も出ていないようだ.高い潜在需要があり,多くの人が注目しているということは,規格の整備のようなちょっとしたきっかけがあれば,大きく花開く可能性があるかも知れない.

7.3 期待できそうな分野

国の政策や欧州の事例などを鑑み,潜在的な成長性・市場規模が大きく,標準化が大きな力を発揮しそうな代表的な分野をいくつかを考えると,次のような分野を挙げることができると思う.

a) エネルギーマネジメント（スマートグリッド）

これからの日本を考えた場合，エネルギー・省エネ関連のサービスは有力である．何といっても，これについては，そこで使うハードウエアについて高度な技術の蓄積がある．そのため，それらをネットワークでつなぎ，システムを作るだけでイノベーションが起きる可能性が高く，今後，国際的に大きな影響力をもつ産業に発展する素地は極めて大きい．技術があり潜在的な需要もあるので，世界的なサービスを生み出せる可能性がある．

とりわけ注目されているのは，スマートグリッドと言える．これについては各国の標準化政策に必ず登場する注目株である．スマートグリッドについては，日本の優位性として，既に競争力をもっている電機などの製造業に注目が集まりがちであるが，鍵を握る本質的な部分はサービスである．そもそも電気事業とは，電力会社が家庭などに電気を供給するサービスであるうえに，今まで電力の供給だけだったサービスが一気に多様なサービスとなる可能性が高い．例えば，家庭内の省エネルギーをアドバイスするサービス（HEMS：Home Energy Management System；家庭のエネルギー管理システム），分散型の太陽光発電を含むビルや住宅の機器・設備を総合的に運用・管理するサービス（EMS：Energy Management System；建築物のエネルギー管理システム），太陽電池や電気自動車の充放電を管理し最適化するマネジメントサービス等，多様なサービスが考えられる．さらに，スマートグリッドとしての新たなネットワークとスマートハウスが結び付くことにより，家庭内の機器を監視したり，使用状況を把握すると同時にセキュリティシステムを連動させたりするなど，多彩なサービスが考えられる．そしてスマートグリッドの場合，それらサービスが独立して行われるのではなく，システム全体を通してサービスのインテグレー

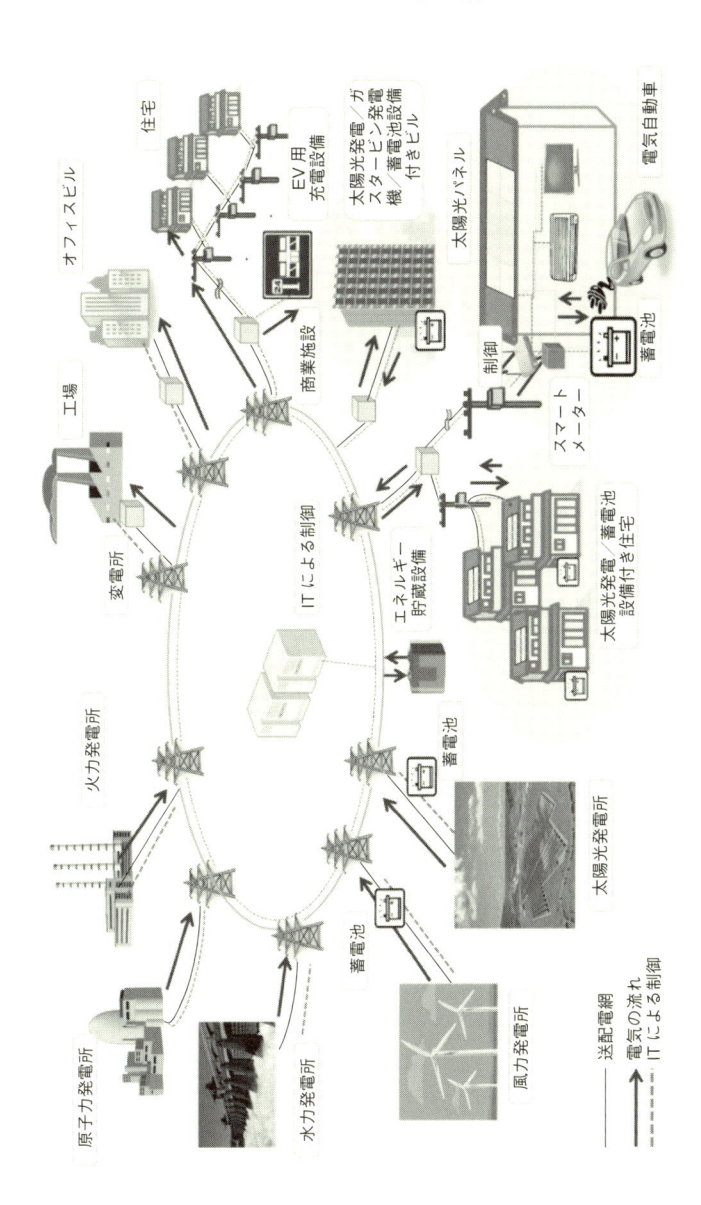

7. どんなサービス業が期待できるか   175

図 7.1 スマートグリッドの概念図

(出所) 経済産業省 (2010)：次世代エネルギーシステムに係る国際標準化に向けて[6]

ションを行う能力が不可欠である．そして，言うまでもないが，全体が一つの巨大なシステムであるということは，その中で利用する製品のインターフェースやサービスの仕様も，一定の標準的な仕様，すなわち規格があって始めて機能するのである．ということは標準化をいかに利用するかが，この分野の活性化の鍵であるといえる．

また，スマートグリッドをはじめとしたエネルギーマネジメントは，資源の節約や化石燃料の消費の抑制など，当初は，"いかにエネルギーを節約するか"に主眼が置かれていたが，日本では，2011年の東日本大地震以降，原子力発電所の運転停止が相次ぎ，"太陽光発電や風力発電の等の自然エネルギーを，いかに使いこなすか"に急速に関心が移っていった．自然エネルギーのような，不安定で小規模な発電の集合体こそ，システムの運営・構築が重要である．スマーグリッド関連のサービスは大きく伸びることが予想される[7]．

b）医療・医療関連周辺サービス

日本の人口構成を考えれば，年齢が上がれば上がるほど消費が伸びる産業は，確実に伸びる．そして，そうした市場における有力な分野としては，医療，リハビリ，介護，健康サービス等の医療関連サービスが考えられる．これらのサービスについては，"医療の高度化と高齢化によって，莫大な医療費が財政を圧迫している"といったニュースを聞くことも少なくなく，どちらかと言えば，費用，負担，すなわち"出さずにすむなら出したくないもの"としてのイメージが拭いきれない．しかし，それほど莫大な費用がかかるのであれば，発想を転換して，医療を産業として捉えたらどうだろうか．産業であれば，財源の問題はひとまずおいておくとしても，消費される金額は大きければ大きいほどがよいことになる．不謹慎ではあるものの，国家財政の破綻を心配するほどの金額が予想されるのであるな

ら，将来にわたってますます有望な産業ということもできる．

医療や医療周辺サービスの将来性については，前述の"新成長戦略"においても，"ライフ・イノベーションによる健康大国戦略"として医療・介護・健康関連産業を成長牽引産業にすることが提案されており，国内の新規市場約50兆円，新規雇用284万人を目指すとしている．また，その後発表された，医療産業研究会の報告書（2010）においても，健康サービスをはじめとした医療周辺サービスを提供する医療生活産業の重要性が指摘されている[8]．潜在的ニーズや市場規模や成長性の高さが期待されており，"資本蓄積や技術革新の基盤整備を実現し，自律的な成長メカニズムを構築すべきである"とされており，しかも，その手段として標準化を利用した手法が注目されている．

この状況は，高齢化・成熟化と多様な生活形態を必要とする社会構造の変化の中，医療周辺サービスは確実に大きな産業となるにもかかわらず，現状ではサービスがニーズに追いついていないことを意味している．しかも，新しいサービスが多いため，サービスがどのような内容なのかわからないことも多い．例えば，"公的給付もよいが，お金がもう少し高くても，もう少し贅沢がしたい"というニーズや，その逆など，現場にはいろいろなニーズがあるが，ニーズと供給があまり旨くかみ合っていないとの声もある[9]．サービスの提供者と利用者のインターフェースが不全なのである．しかし，これを標準化の観点から見れば，サービス品質の認証制度，責任を含めた業務の標準約款や品質表示，コスト負担のルール（標準）の作成，処方箋の書き方の標準化や，品質基準の標準があれば，産業を大きく飛躍させることができるといえる．現状では困難は大きいが，標準化の手法を活用する余地が大きいことが予想される．

そして，国内においてノウハウを確立した後には，海外展開も期

待できる.例えば,近年急速に豊かになった中国も,一人っ子政策のために,急速に高齢化が進むことは確実である.一歩先に高齢化が進んだ日本の経験を踏まえたサービスを,巨大市場に提供できるかもしれない[10].

c) ツーリズム（観光）

ツーリズムに関する標準化活動については,前述のとおり ISO においても TC 228（観光及び関連サービス）が設立され,50 か国以上が投票権をもつ積極的な参加国（P メンバー）として登録して活動を行っている.また,欧州の標準化活動においても,概ね観光は注目分野として期待されている.

生活水準の向上や交通網の発達,余暇の充実などを背景した,過去数十年にわたって続く観光産業は,世界的に見ると空前の高度成長である.例えば,今まで旅行とは無縁であった新興国においても,余暇を楽しむ人が爆発的に増えている.また,先進国においても観光は相変わらず盛んであり,前述の国連の世界観光機関(UNWTO)によれば,世界の旅行者の約半数はヨーロッパを訪問している.そして,旅行者数の増加は著しく,2011 年には前年比 4.6％の伸びを示し,世界中で約 9.8 億人に達しており,これは,金額ベースでいえば,全世界合計で前年比 3.9％の約 800 兆円（US ドル 1 030 billion）にも達する.長期的なスパンでみると,1980 年の 2.8 億人から,1995 年には 5.3 億人になり,2011 年には 9.8 億人になるなど,確実な伸びを示している.2010 年から 2030 年にかけては,毎年約 3.3％の成長が期待され,2030 年には旅行者数が 18 億人に達すると予想されている[11].日本においても,2007 年に観光立国推進基本法が制定され,生産波及効果,52.9 兆円,付加価値誘発効果は,28.3 兆円,雇用誘発効果 442 万人と見積もられている[12].

そもそも，自然，文化遺産，多様な地域性等，豊富な観光資源をもつ日本は，観光のポテンシャルは高いといわれている．また，社会の成熟化・価値観の多様化とともに余暇は確実に増えている．さらに，発展著しいアジア地域からの観光需要は拡大の一方であり，人口増加や経済成長のスピードを考えれば，今後一層の市場の拡大成長が見込まれている．しかし，現状では，諸外国に比較して日本への観光客数は少な過ぎると言わざるを得ない．この問題の解決には様々な困難があるが，"標準"のような社会基盤を整備すれば，観光産業を活性化するのに大きく貢献できるかも知れない．

なお，観光業における標準化の活用の方法として，野村総研（2010）は，1997年からスイスで導入された品質ラベル（Quality Label）や，オーストラリアで展開される"National Tourism Accreditation Framework"といった認証（認定）制度を例に，観光客に対する品質保証を目的とした認証制度の導入を提言している[13]（図7.2，図7.3参照）．確かに，せっかくすばらしい観光資源に恵まれていても，ホテルやレストランの店員の態度が横柄であっ

図7.2 スイス観光協会の品質プログラムの認定マーク

（出所） Schwizer Tourisus-Verband[14]

図7.3 オーストラリアの観光業の認定マーク

（出所） ATAP[15]

たりすれば，サービスとしての品質は台なしである．サービスの品質を確保するには，一定の品質を定めた標準を作成し，それをもとに，サービス提供者を第三者が認証する方法を用いるのがよさそうだ．日本では，観光については今のところ地域ごと，商品ごとのブランドはあるものの，全国統一のツーリズム認証の仕組みはない．しかし，全国規模の認証は，事業者の意識を啓発し，また，消費者に信頼感のあるブランドとして認知されることにより，日本の観光業を魅力ある産業にすることができるかも知れない．

　潜在的に巨大な市場といわれる中，成長の余地が多く残っていると思われる．

────── ●コラム9　標準化の原点● ──────

　仕事柄，いろいろな機会に標準化の説明をしていると，"そもそも標準化なんて必要なのか"という声を聞くことがある．"私はルールになんか縛られたくない"，"うちは，私がきちんと管理しているから，ルールなんてなくても大丈夫だ"といった反論さえ聞くこともある．そんなとき，筆者はしばしばアメリカ規格協会（ANSI）で受講したセミナーを思い出してしまう．

講　　師：1セント硬貨の絵柄は知っていますよね．みんなすぐわかるはず．では，各自，1セント硬貨の図柄を紙に描いてください．ただし，現物は見ないでください．
受講者：はい
　　　　（しばらくして）
講　　師：できましたか．
受講者：こんな感じですかねえ～．
講　　師：では見せてください．スーの描いた1セントはこれ，フレッドの描いた1セントはこれ……　あれ～，みんなバ

> ラバラですね．では，実物を見てください．
> 　　（受講者は財布から硬貨を取り出して比べる）
> 受講者：あれー，おかしいな．
> 講　師：現物と随分と違いますねえ．
> 　　（受講者は苦笑い）
> 講　師：みんな"知っている"つもり，"共通認識している"はずと思っていても，実はこんなに違っています．だから，紙に書いた"規格"が必要なのです．
>
> 　筆者はごく普通の日本人なので，そもそもアメリカの1セント硬貨に親しみもなく，図柄はよく知らないので，一人何も描けず教室で浮いていたのだが，講師の言いたいことは本当によく理解することができた．今度10円玉か何かを使って，日本でも同じことをやってみたいものである．

引用・参考文献

1) 経済産業省（2005）：新産業創造戦略　http://www.meti.go.jp/policy/economic_industrial/shin_sangyou.html（2012.12.12 閲覧）
2) 経済産業省（2006）：経済成長戦略大綱　http://www.meti.go.jp/topic/downloadfiles/e60713cj.pdf（2012.12.12 閲覧）
3) 経済産業省（2010）：産業構造ビジョン2010　http://www.meti.go.jp/publication/data/vision2010.html（2012.12.12 閲覧）
4) 経済産業省（2011）：産業構造審議会新産業構造部会中間整理　http://www.meti.go.jp/committee/sankoushin/shinsangyou/report_001.html（2012.12.12 閲覧）
5) Digital New Deal 大学発ベンチャー企業支援サイト　http://dndi.jp/00-ishiguro/ishiguro_174.php（2012.12.12 閲覧）
6) 経済産業省産業技術環境局基準認証政策課（2010）：次世代エネルギーシ

ステムに係る国際標準化に向けて，次世代エネルギーシステムに係る国際標準化に関する研究会　http://www.meti.go.jp/press/20100128003/20100128003-2.pdf（2012.12.12 閲覧）
7) スマートグリッドなどの標準化とインフラストラクチャーの関係については，日本規格協会編著（2011）：広がるインフラビジネス−国際標準化で巨大市場に挑む，日本規格協会，に詳しい．
8) 医療産業研究会（2010）：医療産業研究会報告書，経済産業省商務情報政策局サービス産業課
9) Digital New Deal 大学発ベンチャー企業支援サイト, 医療・介護関連産業は成長産業になるか？（その1）　http://dndi.jp/00-ishiguro/ishiguro_144.php（2012.12.12 閲覧）
10) 神田正典（2012）：2022−これから 10 年，活躍できる人の条件，PHP 研究所
11) UNWTO Tourism Highlights 2012 Edition, United Nation World Tourism Organization 2012　http://dtxtq4w60xqpw.cloudfront.net/sites/all/files/docpdf/unwtohighlights12enlr_1.pdf　（2012.12.12 閲覧）
12) 国土交通省総合政策局観光経済課（2007）：平成 18 年度旅行・観光産業の経済効果に関する調査研究
13) 野村総合研究所（2010）：新成長戦略への提言
14) Schweizer Tourismus-Verband ウェブサイト　http://www.swisstourfed.ch/index.cfm?parents_id=940（2012.12.12 閲覧）
15) The Australian Tourism Accreditation Program（ATAP）ウェブサイト　http://www.atap.net.au/ （2012.12.12 閲覧）

おわりに

　本書は，今まであまり注目されてこなかったサービス業における標準化の活用方法を考えたものである．それは"サービス業全体を大くくりで捉えて，その中から一般性を見つけ，大きな方向性を示す"という無謀なチャレンジであった．もちろん，一定の結論を導き出したすばらしい先人たちの知恵（先行研究）も多数存在するが，それらは特定の範囲内に限られた研究であり，"ザックリ"とサービス業の標準化の概観を説明するものではない．そこで，このチャレンジに臨むことになった．そのため，かなり論理の甘さ等が目立つ結果となったが，何卒ご容赦をお願いしたい．

　とはいえ，この無謀なチャレンジによって改めてはっきりしたことは，サービスも標準化も，非常に曖昧・複雑で，いくつかの法則性こそ見いだされているものの，体系的な理論体系の構築にはまだ至っていなさそうだということである．何かあらゆる現象に普遍的にあてはまる公式のようなものを期待していた向きもあったが，やはり現段階ではそんなノウハウはない．そもそも研究は始まったばかりであり，まずは，標準化やサービスの本質と，こういった現実を頭に入れて，臨機応変に試行錯誤するしかない．それに，標準化やサービスの正体を知るには，数学や物理のように，特定の限られた変数と一定の理論的な枠組みを使って対象にアプローチする手法は使えないのかも知れない．標準化の研究は，どちらかといえば，例えば経営学のように，対象の領域だけを決めておいて，それに対して多面的にアプローチするのがふさわしいのかも知れない．

　いずれにせよ，標準化には大勢の人のコンセンサスが必要である．ネットワークの外部性に代表されるとおり，標準化は，同じ規格を

利用する人が増えれば増えるほど，利用者の便益が増え，便益が増えるから，利用者が増え……とよい循環ができあがってしまえばこちらのものであるが，それを悠長に待っている余裕はない．現在は，私たちを取り巻く社会経済の仕組みが，新しい仕組みに切り替わる時代の節目であり，次の世界のルールは今決められている．まずは一人でも多くの方に標準化に興味を持っていただき，身近なところから議論を開始する必要がある．Googleで，日本語で"サービス標準化"と入力して検索すると，筆者が中心にまとめたレポート*がトップにヒットしてしまう（2012年12月12日12：00現在）．しかし，これではあまりに寂しい．実際，産業界は常に標準化の動向を把握しておかなければならないと思う．標準化戦略はなかなか一筋縄ではいかないが，動向を把握した上で"関係ない"と思えば放っておけばよいし，"影響がある"と判断した場合は，すぐに手を打つ必要がある．いずれの場合も，状況だけは把握しておかなければ何もできない．もっと多くの人に関心を持っていただき，サービス産業においても，標準化を使って市場を創造しながら，自分の得意技が生きるような規格を市場に定着させないと手遅れになってしまう．

何かと縮みゆく日本の議論が多い中，標準化によって，この閉塞感を少しでも打破することができれば幸いである．

なお，本書における主張は，筆者の個人的な意見であり，所属する組織の公式な見解を示すものではない．

---

* 日本規格協会（2011）：サービス産業の標準化－サービス産業の活性化のための標準化活動と今後の方向性．財団法人日本規格協会・調査研究室

索　引

【あ行】

ROE　15
ROA　15
IEEE　114
IEC　50
ISIC　60
ISO/IEC Guide 76　61
ISO 14000 シリーズ　84
ISO 9000 シリーズ　84
ITU　50
iPad　23
iPhone　23
iPod　22
アナログ式　18
AFNOR　119
EMS　174
ETSI　106
EU　49
EU directive　107
育児支援　171
イノベーション　21
医療関連サービスマーク　128
医療関連周辺サービス　176
医療産業研究会　177
インターフェース　76
インフラストラクチャー　94
AICPA　114

AENOR　119
ASQ　70, 114
ASTM　114
ANSI　180
ACSI　70
AWWA　114
ABA　114
SD ロジック　29
エステティックサロンの認証制度　126
SR　56, 80
SIC　60
SN　111
SGS　119
HEMS　174
NAISC　60
NF　111
エネルギーマネジメント　79
欧州連合　49
オープンイノベーション　30, 83

【か行】

確実性　69
学習塾業認証基準　125
価値評価　150
家庭用 VTR　50
貨物自動車運送事業安全性評価事

業　119
環境マネジメントシステム　44
観光立国推進基本法　178
機械化　68
犠牲的サービス　60
機能的サービス　60
規模の経済　25
QWERTY配列　89
共感性　69
狭義のサービス業　59
競争優位　29
クチコミ　71
グローバル化　48
経営資源　27
経済成長戦略大綱　171
健康サービス　176
結婚相談所マル適マーク　127
広義のサービス業　44
公共サービス　47
高齢化社会　35
顧客価値分析　72
顧客期待　71
顧客満足　62, 70
　──度指数　70
国際標準産業分類　61
個人情報保護　43
個人向けサービス　64
コモディティ化　13
コンソーシアム規格　76
コンビニエンスストア　40

【さ行】

SERVQUAL　69

サービス経済化　46
サービス経済のトリレンマ　29
サービスサイエンス　72
サービス指令　107
サービスドミナントロジック　29
サービスの工業化　68
在庫　26
差別化　26, 82
産業基盤　78
産業構造ビジョン2010　171
産業の空洞化　12
3種の神器　13
CHESSS　109
CPA　114
Gマーク制度　124
JIPDEC　43
JAMOTE　116
JMAQA　115
J-CROSS　125
JCSI　70
事業所向けサービス　64
自己資本利益率　15
市場の創造　78
JIS　40
システム売り　171
システム化　68
実用特性　164
社会基盤　78
社会的責任　80
社内標準化　42
JAB　115
少子高齢化　13

消費者保護　79
女性の社会進出　14
シルバーマーク　127
新規性　62
新興国　13
新産業創造戦略　171
人的資源　65
人的評価　151
信頼性　69
数値化　159
スマートグリッド　174
スマートフォン　18
スマイルカーブ　19
生活関連サービス　59
精神的サービス　60
製品とサービスの融合　46
製品の単品売り　171
世界観光機関　105
世界貿易機関　49
　——の貿易の技術的障害に関する協定　49
セキュリティ　86
CENELEC　106
CEN　106
　—— Guide 15　112
相互理解　76
総資産利益率　15

【た行】

第一次産業　12
第三次産業　12
第三者認証　161
態度的サービス　60
第二次産業　12
代用特性　164
脱工業化社会　12
多様性の調整　76
WTO　49
　——協定　50
地域サービス　171
知覚価値　71
知覚品質　71
知的財産　26
中小企業性　62
ツーリズム　178
TAPA　114
TBT協定　49
DIN　111
デジタル化　16
デジュール規格　51
デファクト規格　51
デファクトスタンダード　51
TÜV　119
テンプレート　67
ドイツ規格協会　109
同時性　62
トータルソリューション　83
ドミナント　51
度量衡　79

【な行】

National Tourism Accreditation Framework　179
日本版顧客満足度指標　70
日本標準産業分類　60
認証スキーム　119

認証マーク　45
ネイリスト　126
ネットワーク外部性　81

【は行】

ハードリソース型　65
バリューチェーン　19
バンドワゴン効果　87
汎用部品　17
BS　111
PMBOK　114
PC/AT 互換機　21
B to C　64
B to B　64
PDCA サイクル　41
ビジネス継続マネジメント　86
ビジネス支援サービス　171
ヒューマンリソース型　65
病院機能評価事業　128
品質マネジメントシステム　44
品質ラベル　179
VHS　54
フォーマット　53
フォーラム規格　76
付加価値　23
普及曲線　50
物的資源　65
プライバシーマーク　43
ブラックボックス　82
ブランド化　27
プロジェクトマネジメント　56
プロセス型サービス　65
プロフェッショナルサービス　27
文化付加価値　172
分業化　68
紛争処理　151
米国産業標準分類　60
ベータ方式　53
ベータマックス　54
ヘルスケア産業　172
北米産業分類体系　60
ホスピタリティ　150

【ま行】

マスターズ制度　124
マニュアル化　41
Mandates　106
無形財　65
無形性　26, 62
無形物　14
モジュール化　16

【や行】

UNI　111
UNE　111
UNWTO　105
U-Matic　53
有形財　65
有形性　69
優良個人タクシー事業者認定制度　124
ヨーロッパ電気通信標準化機構　106
ヨーロッパ電気標準化委員会　106

ヨーロッパ標準化委員会　106

【ら行】

ライフ・イノベーション　177
ライフサイクル　19
リスク管理　151

リスクマネジメント　86
留学サービス　125
Lloyd's certificate　119
ロイヤルティ　71
労働生産性　24
ロックイン　81

著者紹介

大芦　誠（おおあし　まこと）

一般財団法人日本規格協会　規格開発部専門職．元 ISO/TC 164 国際幹事．同協会にて JIS 原案作成，工業標準化に関する調査研究等に従事．独立行政法人製品評価技術基盤機構勤務等を経て，現所属．国際標準化に関して経済産業省産業技術環境局長表彰を受賞（2012 年 10 月）．東京理科大学卒業．立教大学大学院修了．

　著書：広がるインフラビジネス—国際標準化で巨大市場に挑む！（共著，日本規格協会，2011 年）等

サービス業の標準化
サービス化する経済にこそ標準化の活用を

定価:本体 1,300 円(税別)

2013 年 2 月 19 日 第 1 版第 1 刷発行

著 者 大芦 誠
発行者 田中 正躬
発行者 一般財団法人 日本規格協会
〒 107-8440 東京都港区赤坂 4 丁目 1-24
http://www.jsa.or.jp/
振替 00160-2-195146
印刷所 日本ハイコム株式会社

© Makoto Oashi, 2013   Printed in Japan
ISBN978-4-542-30196-2

- 当会発行図書,海外規格のお求めは,下記をご利用ください.
 営業サービスユニット:(03)3583-8002
 書店販売:(03)3583-8041 注文 FAX:(03)3583-0462
 JSA Web Store:http://www.webstore.jsa.or.jp/
- 落丁,乱丁の場合は,お取替えいたします.
- 内容に関するご質問は,本書に記載されている事項に限らせていただきます.書名及びその刷数と,ご質問の内容(ページ数含む)に加え,氏名,ご連絡先を明記のうえ,メール(メールアドレスはカバーに記しています)又は FAX(03-3586-2014)にてお願いいたします.電話によるご質問はお受けしておりませんのでご了承ください.